CHANSONS

ET

PASQUILLES LILLOISES

PAR

DESROUSSEAUX.

NOUVELLE ÉDITION.
AVEC MUSIQUE.

Le bon Dieu me dit : Chante,
Chante, pauvre petit !
Béranger.

PREMIER VOLUME.

LILLE,
CHEZ LES PRINCIPAUX LIBRAIRES.

1865.

Ed. Bolduduc lith. Lith. Bolduduc frères, à Lille

DESROUSSEAUX.

CHANSONS
ET
PASQUILLES LILLOISES

PAR

DESROUSSEAUX.

NOUVELLE ÉDITION,
AVEC MUSIQUE.

> Le bon Dieu me dit : Chante,
> Chante, pauvre petit !
> *Béranger.*

PREMIER VOLUME.

LILLE,
CHEZ LES PRINCIPAUX LIBRAIRES.
1865.

PETITE NOTICE

SUR L'ORTHOGRAPHE DU PATOIS DE LILLE.

Lorsque, cédant au désir de mes amis, je fis imprimer mon premier recueil de chansons lilloises (*), je rencontrai un obstacle que je n'avais pas prévu.

Je veux parler de la manière d'écrire le patois de Lille.

Un seul livre, *les Étrennes tourquennoises et lilloises*, pouvait, selon moi, m'être d'un grand secours dans ce travail. Je le consultai et j'acquis la certitude que l'éditeur de ces poésies populaires avait été aussi embarrassé pour les orthographier que je l'étais pour écrire les miennes; en effet, les mêmes mots y sont écrits de différentes manières, les élisions négligées où elles devraient être observées et maintenues lorsqu'elles sont inutiles; de telle sorte que, sur un air dont le rythme est de huit syllabes, on en compte tantôt sept et parfois neuf ou dix; il m'a fallu relire certains passages jusqu'à six fois

---

(*) Le recueil dont il s'agit a paru en 1848, et la première édition d présent volume a été publiée en 1851.

tout en ayant soin d'ajouter ou de supprimer des syllabes, pour en saisir le sens et la cadence.

J'essayai, dès lors, d'établir un système d'orthographe aussi régulier que possible; mais ce recueil et ceux qui l'ont suivi se ressentent du tâtonnement avec lequel ils ont été écrits.

J'espère avoir, dans cette nouvelle publication, évité en partie les irrégularités qui fourmillent dans les précédentes, et, avec quelques explications que je vais donner, on pourra, même sans être Lillois *pur sang*, lire ce volume sans trop de difficultés.

J'entre en matière.

Une remarque indispensable à faire, c'est que nous ne prononçons pas les consonnes finales sur les mots qui les suivent, bien que commençant par une voyelle; nous disons, par exemple :

Fille' et garchon' accoutez cheull' complainte...
Homm's, femme', infants, v'nez tertous, paüver gens...

Alors, Louis, l'ancien trompette,
Di' à tout l' monde, etc.

Ainsi, chaque fois que la consonne finale d'un mot ne doit pas être entendue, une apostrophe la remplace.

DES LETTRES EUPHONIQUES.

Malgré ce que je viens de dire sur la suppression des consonnes finales, il y a certaines phrases qui exigent des lettres euphoniques; ainsi on dit : *courir à-z-œués, j' leu-z-ai dit, t'es-t-un sauvache*, etc.

Les lettres *n* et *l* sont aussi quelquefois employées euphoniquement :

— N'y a pus d'jus qu'à-n-un pun.

— Allez, ch' n'est point difficile
D' dire à-n-eun' sossott' de fille...

— Uch' que vous restez ?
Là-bas-l-au bout.

DE L'ARTICLE.

Au masculin comme au féminin, devant une voyelle ou une consonne, l'article fait toujours élision : *l'corache, l'amour, l'biauté, l'vertu.* Au pluriel l'élision n'a lieu que devant une voyelle ou une *h* muette : *les hommes*, L'S HOMMES; *les infants*, L'S INFANTS. Les pronoms personnels *le, la, les* suivent la même règle.

DES ADJECTIFS POSSESSIFS.

Ces adjectifs offrant quelques difficultés, un tableau comparatif ne sera pas inutile.

MASCULIN.

Mon.	Min père.
Ton.	Tin frère.
Son.	Sin père.
Notre.	No' père.
Votre.	Vo' frère.
Leur.	Leu cousin.

FÉMININ.

Ma.	M'mère.
Ta.	T' sœur.
Sa.	S' cousine.
Notre.	No' mère.
Votre.	Vo' sœur.
Leur.	Leu cousine.

PLURIEL DES DEUX GENRES.

Mes.	Mes frères *ou* sœurs.
Tes.	Tes frères *ou* sœurs.
Ses.	Ses frères *ou* sœurs.
Nos.	Nos frères *ou* sœurs.
Vos.	Vos frères *ou* sœurs.
Leurs.	Leus frères *ou* sœurs.

REMARQUES.

1° Devant une voyelle ou une *h* muette, *min, tin, sin* perdent l'*i* que l'on remplace par une apostrophe : *m'n homme, t'n ouvrache, s'n habit*.

2° Les première, deuxième et troisième personnes du féminin singulier prennent une *n* devant une voyelle ou une *h* muette : *m'n imache, t'n étoile, s'n histoire*.

3° Au pluriel des deux genres, on écrit suivant les exigences de la mesure : *mes infants, mes amis*, ou : *m's infants, m's amis*.

Nota. On dit : *min père, min cousin, m' mère*, etc., lorsqu'on parle d'*eux*, mais on dit, par une sorte de déférence instinctive : *Mon père, mon cousin, man mère*, etc., quand on s'adresse *à eux ;* c'est pourquoi j'ai commencé ainsi la chanson de Brûle-Maison :

Mon père, racontez-nous ch'l histoire.

ADJECTIFS DÉMONSTRATIFS.

Les adjectifs correspondant à : *ce, cet, cette, ces*, sont : *che, cheul, cheull', ches*. Les deux premiers s'écrivent presque toujours ainsi : *ch', ch'l*.

Ch' (pour *che*) se met toujours devant une consonne : *ch' garchon, ch' monsieu*, etc.

Ch'l (pour *cheul*) devant une voyelle ou une *h* muette : *ch'l infant, ch'l homme, ch'l imache*, etc.

Cheull' (pour *cette*), devant un mot féminin commençant par une consonne : *cheull' femme, cheull' princesse, cheull' mason*, etc. Il s'écrit *ch't* dans cette phrase seulement : *à* CH'T *heure*, pour à *cette* heure.

Ches, prononcez *chés*, est invariable.

PRONOMS DÉMONSTRATIFS.

CE, CELUI, CEUX, CELLE, CELUI-CI, CELUI-LA, CEUX-LA, etc.
Chin, ch'ti, cheuss', cheull', ch'ti-chi, ch'ti-là, cheuss'-là, etc.

NOTA. Le pronom *chin*, correspondant à *ce*, est comme lui toujours joint au verbe *être*, ou suivi des pronoms *qui, que ;* dans le premier cas, il s'écrit ainsi : *ch'*. — Exemple : CH'*est un fameux soldat, min cou-*

VIII

sin *Séraphin*. Cʜ'*est* (pour *ce sont*) *des craines ribo-teux*.

Dans le second cas :

V'là *chin qui* fait que tout l' mond' s'étonne...
V'là *chin* qu'ch'est d'êt' biau garchon!...

DES PRONOMS PERSONNELS

ET DE LA 3ᵉ PERSONNE DU PLURIEL DANS LES VERBES.

Le verbe suivant nous servira de modèle.

INDICATIF PRÉSENT.	PASSÉ INDÉFINI.
J'ai.	J'ai eu.
T'as.	T'a' eu.
Il *ou* elle a.	Il *ou* elle a eu.
Nous avons.	Nous avon' eu.
Vous avez.	Vous avé' eu.
Il' ont.	Il' on' eu.

IMPARFAIT.	PLUS-QUE-PARFAIT.
J'avos.	J'avo' eu.
T'avos.	T'avo' eu.
Il *ou* elle avot.	Il *ou* elle avo' eu.
Nous avîmes.	Nous avîme' eu.
Vous avîtent.	Vous avîte' eu.
Il' avottent.	Il' avott'nt eu.

FUTUR.	CONDITIONNEL.
J'arai.	J'aro' eu.
T'aras.	T'aro' eu.
Il *ou* elle ara.	Il *ou* elle aro' eu.
Nous arons.	Nous arime' eu.
Vous arez.	Vous arîte' eu.
Il' aront.	Il' arott'nt eu.

FUTUR ANTÉRIEUR.

J'arai eu.
T'ara' eu.
Il *ou* elle ara eu.
Nous aron' eu.
Vous aré' eu.
Il' aron' eu.

CONDITIONNEL.

J'aros.
T'aros.
Il *ou* elle arot.
Nous arîmes.
Vous arîtes.
Il' arottent.

IMPÉRATIF.

Eus.
Ayons.
Ayez.

SUBJONCTIF.

(*Temps unique et très-peu usité.*)

Qu' j'euche.
Qu' t'euches.
Qu'il *ou* qu'elle euche.
Qu' nous ayonches.
Qu' vous ayeches.
Qu'il' euch'tent

INFINITIF.

Avoir.

On remarquera :

1° Que devant un verbe commençant par une voyelle, les pronoms de la première et de la deuxième personne du singulier font élision ; qu'à la troisième personne du singulier, aux première et deuxième du pluriel, ils sont invariables et qu'ils perdent l's finale à la troisième personne du pluriel. EXEMPLE : *J'aime*, T'*aime*, IL OU ELLE *aime*, NOUS *aimons*, VOUS *aimez*, IL' *aim'tent*.

2° Que devant un verbe commençant par une consonne, le pronom de la première personne du singulier fait élision : *J'fais* ; celui de la deuxième personne, *tu*, fait *te* : TE *fais* ; celui de la troisième personne perd l'*l* ; *I* ou *elle fait* ; ceux des première et deuxième personnes du pluriel sont invariables :

Nous faijons, vous faites; celui de la troisième personne du pluriel perd l'*l* et l's finales : *I faittent.*

3° Qu'à la troisième personne du pluriel, les mots subissent quelques transformations, comme : *Il' avottent* et *il' avott'nt eu*. Dans le premier cas, la syllabe finale se faisant entendre, on écrit *ent;* dans le second, cette syllabe n'ayant aucune valeur dans la mesure, l'*e* est remplacé par une apostrophe.

> I n' s'*avottent* point mis dins l' tiête,
> Qui *d'vott'nt* avoir autant d' plaisi.

4° Que le pronom de la troisième personne du pluriel est toujours du genre masculin. Exemple :

> A ch' propos, nos deux commères
> Ont bu leu tass' de café ;
> *Il'* ont vidié tros p'tits verres...

REMARQUES

SUR LES SYLLABES TRE, VRE, BLE, DRE, BRE,
DANS LE CORPS DES MOTS, OU A LA FIN, LORS-QU'ELLES SONT SUIVIES D'UNE CONSONNE.

Ces syllabes s'écrivent ainsi : *ter, ver, bel, der, ber*. On les prononce comme si elles étaient écrites de cette manière : *teur, veur, beul, deur, beur*. Comme on le voit, la consonne remplace la voyelle, et réciproquement. Exemples :

Autrefois, AUTERFOS ; *autrement*, AUTERMINT ; *pau-*

vrement, PAUVERMINT; *sensiblement*, SINSIBELMINT; *paisiblement*, PAISIBELMINT; *péniblement*, PÉNIBELMINT; *vendredi*, VINDERDI; *librement*, LIBERMINT, etc.

> Ch'est un malheur *pénible*,
> Pour un cœur *sensible!*
>
> Ch'est un *pénibel* malheur,
> Pour un *sensibel* cœur!

Le pronom personnel *notre*, dont on retranche ordinairement l'*r* et l'*e*, s'écrit dans certains cas de la même façon : *Notre-Dame*, NOTER-DAME.

Le mot *pauvre* subit la même transformation lorsqu'il est suivi d'un mot commençant par une consonne : *Cheull'* PAUVER *femme; v'nez tertous*, PAUVER *gins*, etc. L'oreille exige quelquefois qu'on l'écrive comme en français : *Pauvre homme, pauvre infant.*

Le mot *tous* que, dans certaines contrées de la France, on prononce *tretous*, fait ici *tertous*.

Il y aurait encore beaucoup de choses à dire, mais pour cela il faudrait tout un volume; je m'arrêterai donc à ces simples observations qui, si elles n'effacent pas les difficultés que présente la lecture du patois de Lille, aideront, je crois, à la surmonter. Comme on peut s'en convaincre, j'ai cherché à écrire ce dialecte suivant sa prononciation, en ne m'écartant que le moins possible de l'orthographe française. Je sais bien qu'on me dira ce qu'on m'a répété, bien des fois, que ce but est impossible à atteindre, et que l'on me citera à l'appui de cette assertion la terminaison en *on*, comme *garchon* et *capon*, dans laquelle on entend un son nasal qui ne peut être écrit.

Mais n'en est-il pas de même dans toutes les langues ? Pour n'en citer qu'une seule, en anglais, n'écrit-on pas : *sir, spleen*, bien que ces mots se prononcent *seur, spline* ? L'objection n'est donc pas sérieuse ; on ne fait pas des chansons lilloises pour les Normands et les Languedociens. Évidemment, il faut, pour les bien lire, en connaître préalablement la prononciation.

Du reste, en écrivant ce petit préambule, je n'ai nullement eu la prétention de faire un traité de linguistique. J'ai voulu tout simplement expliquer l'orthographe que j'ai adoptée, afin d'être lu plus facilement. Je déclare d'ailleurs que mes connaissances philologiques sont trop bornées pour que je puisse donner des définitions étymologiques dans le petit vocabulaire qui va suivre ; je me bornerai le plus souvent au mot à mot et à quelques locutions qui s'y rattachent ; enfin, c'est plutôt un moyen d'éviter les nombreuses notes que nécessite ce genre d'écrits, qu'un dictionnaire proprement dit. Aussi n'ai-je expliqué que des mots dont je me suis servi.

VOCABULAIRE.

ACATER, *v. a.* acheter.
ACCORDACHE, *s. m.* accord.
AIE-IAE, cri de douleur; il s'emploie aussi dans le sens dubitatif d'un fait qu'on avance.
AIWILLE, *s. f.* aiguille.
AJOULIER, *v. a.* enjoliver; pavoiser, décorer.
ALFOS, *adv.* quelquefois.
AMEUR, *s. f.* rumeur, émoi.
ANWILLE, *s. f.* anguille.
ARLAND, *s. m.* maladroit, lambin.
ARLANDER, *v. n.* traîner en longueur.
ARS-SE, *adj.* ardent, vif, subtil.
ATTIQUER, *v. a.* attacher.
AUMANDE, *s. f.* aumône.
AVEC s'écrit de trois manières, suivant l'enchaînement des mots: *Avé, avec, avecque.*
AWI, oui.
BADINE (à la) (locution proverbiale), en se donnant le bras.
BAIE, *s. f.* jupe.
BABACHE, *s. f.* mot enfantin, baibaise.
BAJER, *v. a.* donner un baiser.

BAJOTER, *v. a.* baisotter.
BABENNE, *s. f.* bobine.
BALEINE, *l' commerce bale, tous les métiers sont à l'baleine;* locutions proverbiales signifiant: le commerce va mal.
BALLE (passer la), *l. p.* se dit, dans les réunions chantante, spour accorder la parole à quelqu'un.
BALOU, *s. m.* badaud, homme crédule.
BALOUFFES, *s. f.* grosse joue.
BÉARD, *s. m.* du mot français bayer, regarder bouche béante.
BEN ACHE, bien aise.
BERDELACHES, *s, m. p.* bagatelles, futilités.
BERDOUILE, *s. m.* et *f.* qui bredouille, dans ses actions comme dans ses discours.
BERLEAU, *s. m.* café faible.
BERLOU, *s. m.* qui louche.
BISTOCACHE, *s. m.* cadeau de fête.
BISTOQUER, *v. a.* faire un présent à quelqu'un, le parer d'un bouquet, lui en offrir un.
BLANC-BONNET, *s. m.* on

désigne les femmes par *blancs-bonnets* et les hommes par *capiaux*.

BLEU-TOT, L' GRANDE MASON, noms populaires de l'Hospice-Général.

BONHOMME PAR TIERRE (faire) (locution proverbiale), pour dire qu'une personne tombe.

BONNIQUET, *s. m.* coiffe, diminutif de bonnet.

BOURLER, *v. n.* tomber d'une manière risible.

BRADÉ-E, *adj.* Gâté, usé, détérioré.

BRADER, *v. a.* gâter, au moral comme au physique.

BRADERIE, *s. f.* Si nous n'écrivions que pour des Lillois, l'explication de ce mot serait inutile. Aux étrangers, nous dirons que c'est le nom d'une de nos plus grandes fêtes populaires ; ce jour-là, il n'y a pas plus de vingt ans, notre ville était convertie en un vaste *temple ;* chaque habitant vendait ou faisait vendre à sa porte des vêtements ou autres objets surannés ; ce n'était point l'amour du lucre qui guidait nos concitoyens en cette occasion, mais bien le désir de se conformer aux règles d'un vieil usage. Hélas ! la braderie s'en va, elle meurt dans les échoppes des fripiers qui s'en sont emparés pour la faire tourner à leur bénéfice.

BRONDELER, *v. n.* tomber (*bourler*) en roulant.

BROQUELET, *s. m.* petite broche ou fuseau dont se servent les dentellières. De là vient le nom de leur fête.

BROUCHER, *v. a.* brosser.

BROUILLACHE, *s. m.* brouille

BUER. *v. a.* lessiver.

BUQUER, *v. a.* frapper.

BUSIER, *v. n.* ruminer, penser, réfléchir.

CACHIVEUX, *adj.* et *s.* chassieux, *ch'est un cachiveux, il a des yeux cachiveux*.

CAIF, onomatopée du cri des chiens.

CAYÈRE, *s. f.* chaise.

CAMANETTE, *s. f.* commère.

CAMPONNE, *s. f.* compagne.

CAPON, *s. m.* la signification de ce mot est tout autre que celle de son homonyme français, et a une plus grande étendue. Non seulement *capon* ne veut pas dire *poltron*, mais il résume tous les défauts, tous les vices : l'ivrogne qui bat sa femme en sortant du cabaret, *capon ;* le charlatan qui promet d'extraire une dent *sans mal ni douleur, capon ;* celui qui fait des dettes, qui trompe les filles, celui qui se bat régulièrement tous les dimanches et fait dire de lui qu'il ne craint *ni vint ni orache* (ni Dieu ni diable), *capon, capon, capon ;* ce n'est que pour éviter les redites qu'on emploie de temps en temps son diminutif *capenoul*. Ce n'est pas tout encore, passant du grave au doux, ce mot est parfois la qualification du *mauvais sujet* que les femmes aiment tant, et la mère qui câline son enfant, lui dit avec un accent de tendresse maternelle ; *Viens, p'tit* CAPON, *viens faire eun' babache à mémère*.

CAPRON, *s m.* chaperon, espèce de bonnet d'âne dont on coiffait les paresseuses dans les *écoles* ou ateliers de dentellières.

CAUCHE, s, f. chausse, chaussette, bas.

CHIFFLER, v. a. siffler. C'est aussi l'action de boire : *Ch'est un luron qui* CHIFFLE *bien*, qui boit bien.

CHOCHON, s. m. au féminin : *Chochonne*, joyeux viveur. — Camarade.

CHUC, s. m. sucre.

CLAQUE, s. f. femme molle, indolente, sale et paresseuse.

CLAQUER, v. a. souffleter.

CLO, s. m. clou.

CLOQUE, s. f. cloche, *pendant d'oreille* qu'on appelle aussi *pinderlot*.

CLOQUER, s. m. clocher.

COLOPHON, s. m. colophane, résine.

COPON, s. m. coupon : je ne donne ce mot que pour en expliquer le sens adopté par les dentellières. *Vinde un copon*, cela veut dire vendre une pièce de dentelle, eut-elle dix mètres de longueur.

CORDIAU, s. m. cordon, de cordeau.

COTIN, s. m. *pourette* ou petite braise en feu.

COUSSIN, s. m. métier ou carreau de dentellière.

DARON, s. m. époux, au féminin : *Daronne*.

DÉBLOUQUER SIN CŒUR, DÉBLOUQUER SIN CAPLET. Dire tout ce qu'on pense.

DÉCLAQUER, v. n. rire à *déclaquer*, rire aux éclats.

DÉGRIFFER, v. a. égrattigner, griffer.

DÉLAMINTER (Se), v. p. se lamenter.

DEVISER AU PATARD, l. p. causer paisiblement.

DORLORES, s. m. p. Parure d'or.

DORMANT, s. m. Narcotique qu'on donne aux enfants.

DOUCHEMINT, adv. doucement.

DOUPE, s. m. liard, *de double*, Dans le sens général, argent.

D'PUIS L' PERLIMPINPIN QU'AU TUO, l. p. connaître une affaire *d'puis l' perlimpinpin qu'au tuó*, c'est en savoir tous les détails.

DUCASSE, fête paroissiale.

ÉCOUR, s. m. les genoux lorsqu'on est assis. Prendre un enfant sur son écour, le prendre sur ses genoux.

ÉCOURCHEUX, s. m. tablier.

ÉMONTÉ, s. m. montée ou marche d'escalier.

ÉMOUQUETTE, s. f. mouchettes.

ÉPARNEMALE, s, f. épargne

ETNIELLES, s. f. pincettes ; on donne aussi l'épithète d'*etnielle* aux personnes sans énergie.

FERNIÈTE, s. f. fenêtre.

FIERS AU FU (remettre les), l. p. contracter un nouveau mariage, et en général, un nouvel engagement.

FIEU, s. m. fils.

FIN, adv. *fin biau*, *fin laid*, c'est-à-dire très-beau, très-laid.

FLOIR, v. n. faiblir.

GABRIOLE, s. f. cabriole.

GADRU, s. m. sorte d'altératoin de gas, gars, garçon.

GALAFE, s. m. gourmand.

GALURIAU, s. m. du français *Godelureau*, chercheur d'amourettes.

GARCHONNAL, *s. m.* petit garçon.
GAUQUE, *s. f.* noix
GIROFLÉ A CHINQ'FEUILLES, *l. p.* soufflet.
GRAINGNARD, *s. m.* goguenard, farceur.
GRAISSIER, *s. m.* épicier.
GRAMINT, *adv.* beaucoup.
GRAUS, *s. m. p.* ongles, crocs.
GUERTIER, *s. m.* jarretière.
HAYON, *s. m.* échoppe de marchand de pain d'épices et autres.
HOUPETTE, *s. f.* expression qui déprécie soit un objet, soit une action : *Te m' donnes là eun' biell' houpette*, dit-on à quelqu'un qui fait un cadeau de peu de valeur. L'enlèvement d'une jeune fille met tout un quartier en émoi. Un indifférent se contente de dire : « *Ch'est-i là eun' fameuse houpette?* »
HUBERLU, *s. m.* hurluberlu.
HYBERNOS (*Hybernois*), nom particulier de religieux mendiants venus d'Irlande; le pont de la rue de la Vignette, où était situé leur couvent, porte encore ce nom.
INFILURE, *s. f.* terme ironique, *ch'l affaire prind eun' drôl' d'infilure*, c'est-à-dire une mauvaise tournure. *T'a' eun' drol' d'infilure*, tu t'y prends mal.
J, cette consonne remplace assez souvent l's douce. Oiseau, *ojeau*; prison, *prijon*.
JACQUART, on nommait ainsi la cloche de la retraite, en souvenir d'un ancien commissaire de police de ce nom, qui faisait sa ronde dans les cabarets pour en faire sortir les buveurs quand cette cloche sonnait.
JOBRE, *s. m.* jobard crédule;
s'emploie aussi dans le sens de cet autre dicton populaire : *il fait l'âne pour avoir du foin*, I BAT L' JOBRE.
JU, *s. m.* jeu. Au jeu de cartes on dit *ju* au lieu de *point*, et cette locution proverbiale qu'on adresse à des époux plus ou moins bien assortis : *Biau mariache, faut marquer deux jus*, est une allusion au jeu de *mariage-flamand*.
KERQUE, *s. f.* charge, fardeau.
KERQUER, *v. a.* charger.
LAICHER, *v. a.* laisser.
LAINNERON, *s. m.* autre nom de la cloche de la retraite actuelle.
— Lange de laine.
LAIT-BATTU, *s. m.* lait de beurre.
LAIT-BOULI, *s. m.* bouillie.
LARI, *s. m.* plaisanterie, aimer *l'lari*, c'est aimer à rire.
LÉQUER, *v. a.* lécher.
LEUMEROTTE, *s. f.* petite lumière, ver-luisant, feu-follet.
LEUNETTES, *s. f.* lunettes.
— Certain geste que les Parisiens nomment *pied-de-nez*.
LIT (aller à sin), *s. f.* faire ses couches.
LON, *adv.* loin.
LOT, *s. m.* double-litre.
LUIJEAU, *s. m.* du vieux français *luyseau*, cercueil; on dit d'un événement qui a fait impression : *j' m'in souven'rai dins min luyjeau*, c'est-à-dire même au-delà de la vie.
MAJEMINT, *adv.* mal, *i va majemint*, il va mal.
MAGUETTE, *s. f.*, chèvre.
MAL, MAUX; font *ma*, *mas*.

MAMOUR, *s. f.* contraction de *mon amour*.

MANIGOGUET, *s. m.* Ancien petit meuble avec tiroirs, planches et porte à deux vantaux et que l'on plaçait ordinairement sur un autre meuble ou à côté de la cheminée.

MANOQUER, *v. a.* exercer plusieurs industries.

MIE (négation), pas, jamais.

MIER. *v. a.* manger.

MITAN, *s. f.* et *m. la mitan, l'demitan*; la moitié, le milieu.

MOUSSE, *s. f.* moue.

MUCHE, *s. f.* cachette.

MUCHE-TIN-POT (in), en cachette.

MUCHER, *v. a.* cacher. *juer-à-mucher*, jouer à cache-cache.

MUGOT, *s. m.* épargne cachée.

NICDOUL, *s. m.* niais, imbécile.

NIEULE, *s. f.* pain d'hostie. Soufflet.

NUÉ, *adj.* neuf.

NOCE A L'ÉCOT, noce en pique-nique.

NOM-J'TÉ, *s. m.* sobriquet, nom de guerre.

OCHE, *s. m.* os.

OBIT DES QUIENS, *l. p.* charivari, cacophonie.

ŒUÉ, *s. m.* œuf.

OTIEU, *s. m.* outil.

PACANT, *s. m.* paysan.

PACOUL, *s. m.* paysan.

PAELE, *s. f.* poêle à faire.

PAIN D'AMONITION, pain de munition. On dit aussi *l'amonition* pour *la manutention*.

PANTALISER (S'), *v. n.* prendre ses aises.

PAOUR, *s. m.* paysan, lourdeau, grossier.

PARCHON, *s. f.* part d'un héritage; dot.

PAROLI, *s. m.* parole, langage particulier.

PATARD, *s. m.* Ancienne monnaie valant cinq liards. On compte encore par patards pour certaines marchandises du pays.

PASQUILLE, *s. f.* ce mot vient évidemment de *pasquil* ou *pasquinade*, satire. Dans le sens lillois, il ne signifie plus que *récit* ou scène dialoguée.

PAUVERIEU, *s. m.* pauvriseur, personne chargée de distribuer des secours aux indigents.

PETOTE, *s. f.* de *patate*, pomme-de-terre.

PIERRE-LIMANDE, *s. f.* pierre d'aimant; au figuré, chose extrêmement précieuse.

PLATIAU, *s. m.* plateau, patois, de *plat*.

PRUNNE, *s. m.* prune, manière métaphorique de désigner un soufflet.

POCHON, *s. m.* ce mot doit venir de l'ancienne mesure appelée *poisson*; boire un *pochon*, signifie vider un verre.

PONTIFICAT, *s. m.* avec pompe, cérémonies.

POQUETTES, *s. f.* marques de la petite vérole.

PORTE-AU-SA, *s. m.* mot à mot, porteur-au-sac, portefaix.

POUFRIN, *s. m.* petite braise.

POURETTE, *s. f.* diminutif de *poure*, poussière, charbon de bois très-menu.

POURLÉQUER, *v. a.* lécher.

PUNACHE, *s. f.* punaise.

PURAIN, *adj.* pur.

Q. En général, les mots français commençant par un C commencent dans le patois de Lille par un Q. Commander, *quemander* ou *q'mander* : comment, *quemint* ou *q'mint* ; chemin, *quemin* ou *q'min* ; cheminée, *quemeinnée* ou *q'meinnée* ; chemise, *quemiche* ou *qu'miche* ; cher, *quer* ; choisir, *queusir*, etc.

Q'MIN, s. m. abréviation de *quemin*, chemin.

Q'NECQUE, s. f. petite bille de pierre : *juer à qnecques*, jouer aux billes.

QNECQUES (invoyer juer à), l. p. manière de dire qu'on a éconduit quelqu'un. *I volot m' conter fleurette, mais j' l'ai bien vite invoyé juer à qnecques.*

QUARTELETTE, s. f. diminutif de *quarteau*, petite tonne de savonnier. — C'est aussi le nom d'un ancien marchand d'oiseaux qu'une chanson a rendu célèbre :

Connéchez-vous Quartelette,
Quartelette marchand d'ojeaux ?

QUATE-A-QUATE, onomatopée, du galop des chevaux ; — courir très-vite.

QUARTERIER, s. m. infirme.

QUEU, QUEUL, adj. quel. On retranche l'*l* chaque fois que le mot suivant commence par une consonne : *Queul imbêtant* ; *queu drôle d'homme.*

QUEMEINNÉE, s. f. cheminée.

QUOI-CHE, int. qu'est-ce ?

RACOIN, s. m. recoin.

RACHEMER, v. a. habiller. On dit d'une fille qui se destine au célibat : *Elle va rach'mer sainte Catherine.*

RAMON, s. m. balai ; nom d'une vieille danse.

RAPE, s. f. de rave, navet.

RAPTICHER, v. a. rapetisser.

REQUINQUÉ, adj. habillé à neuf.

REVIDIACHE, s. m. Repas ou réunion de parents et d'amis, à l'occasion des relevailles.

RICDOULLE, s. f. ribote.

RINTRÉE, s. f. sortie, facétie ; on dit d'un farceur : *Il a des drôles de rintrées.*

RELOUQUER, v. a. reluquer, regarder.

ROBORER, v. n. regimber.

RO BOT (*roi boit*), c'est le seul cas où ce mot se transforme. Il fait ordinairement *roi*, que l'on prononce *roie*.

ROJIN, s. m. raisin. — Coup de poing.

ROUCHE ET RACHE (faire), cette locution équivaut à celle-ci : *faire monts et merveilles* ; se dit ironiquement.

RUE-TOUT-JU, s. m. et f. franc, sans détours, qui *joue cartes sur table.*

SCHNICK, s. m. genièvre.

SÉ, s. m. sel.

SEGLOUT, s. m. hoquet.

SÉQUOI, s. m. chose, quelque.

SEU, adj. seul.

SNU, s. m. tabac à priser.

SO, s. m. soif.

SOSSOT, s. m. diminutif de sot, étourdi, étourneau.

TAHUTER, v. n. *braire à tahu*, pleurer en sanglotant.

TAMBOUR-MUSQUA, tambour de basque.

TARIN, s. m. verre de vin, de bière, etc.

TARTEINNE, s. m. tartine.— Soufflet.

TASSE DE CONSOLATION, tasse de café.

TASSE, *s. f.* poche. On dit: *Mets cha dins t'tasse*, pour *mets cha dins t'poche.*

TASSIAU, *s. m.* pièce à un vêtement.

TATOULLE, *s. f.* volée de coups.

TIMPE ET TARD, *adv.* tôt et tard : *Il est l'vé timpe et tard*, se dit d'une personne qui est levée de bonne heure et qui se couche tard.

TOUDIS, *adv.* toujours.

TOUT, *adv.* par abréviation *t't* comme dans cette phrase : *Te verra cha t't à l'heure;* tu vas voir tout-à-l'heure.

TOUTOULLE, *s. m.* TOULION, *s. m.* qui brouille tout, qui met le désordre en toutes choses.

U, *adv.* où. *I queurt toudis sans savoir ù; i r'vient on n' sait point d'ù.*

UCHE, *adv.* où est-ce. *Uche qu'il est? uche qui va?*

VACLETTE, *s. f.* chaufferette.

VETTIER, *v. a.* regarder.

VIEUSERIES, *s. f.* vieilleries.

VIR, *v. a.* voir.

VOLONTAIRETTE, *s. m.* et *f.* qui veut tout à sa volonté.

BRULE-MASON. (*)

Air de la Catacoua.

(Noté. — N° 1.)

Mon pèr', racontez-nous l'histoire
Qu' vous nous avez dit l'auter fos !
— D' vous le r'dire, infants, je m' fais gloire,

(*) François Cotigny ou de Cottignies * dit Brûle-Maison, né à Lille le 16 janvier 1678, et non comme on l'a écrit maintes fois, en 1679, y est mort le 1er février 1740. Il demeurait sur la Petite-Place, où il exerçait un petit commerce. Entre temps, il composait des chansons et des pasquilles, puis il les vendait dans les marchés de Lille et des environs.

Une note du poème en vers burlesques, sur la *Bataille de Fontenoy*, composée par Platiau, *natif de Lille en Flandre*, et publiée à Lille le 1er août 1745, nous apprend « qu'il faisait de temps en temps des expériences de physique sur la Place, mais qu'il négligea ces sortes d'exercices parce qu'un paysan épuisa toute sa science en lui demandant *pourquoi il soufflait dans ses doigts lorsqu'il avait froid et qu'il soufflait sa soupe lorsqu'elle était chaude.* »

* *Cotigny*, suivant l'acte de baptême et celui du mariage (1er juillet 1706) avec Marie-Thérèse Gouvion, et *de Cottignies*, d'après l'acte de décès. En signant l'acte de naissance de son fils Jacques (18 octobre 1706, paroisse Saint-Etienne), Brûle-Maison a écrit très-lisiblement : François Cotigny.

Car cha m' rind tout fier d'êt' Lillos!
Pou' m' consoler, quand j'ai de l'peine,
Je m' rappelle ch' faijeu d' canchons.
  In raing d'ongnons,
  Plachez-vous donc.
Tout près du fu, l'un cont' l'aut', nous s' ten'rons.
 On peut r'sintir un p'tit peu d' gêne,
 Pour intind' parler d' Brûl'-Mason.

Ch'l homm' fameu', arrivan' au monde,
N'a rien fait, rien dit d'étonnant.
Li qui d' vot fair' rire à la ronde,
Il a brait comme un aute infant.
Ses parints, brav's gins, mais point riches,
L'ont r'chu comme l'fieu d'un baron;
  D'un cotillon
  In gros moll'ton,

Ses œuvres, recueillies longtemps après sa mort par l'éditeur Vanackere et publiées sous le titre de : *Étrennes tourquennoises et lilloises* puis, en 1856, sous celui de : *Chansons et Histoires facétieuses et plaisantes*, avec une préface par M. Em. Chasles, jouissent encore d'une grande popularité.

« Brûle-Maison a bien mérité de ses semblables. Il les a fait rire pendant quarante ans. Quand il arrivait sur une place de Lille ou des environs, quand il avait fiché une maison de cartes au bout d'un bâton et mis le feu au petit édifice (ce qui lui a valu le sobriquet de Brûle-Maison), la foule accourait au signal; elle désertait les tréteaux voisins. C'était plaisir de voir ce joyeux compagnon. Ses grimaces, ses gestes, sa voix, l'art consommé avec lequel il chantait ses vers patois ou racontait quelques joyeusetés, lui avaient conquis tous les cœurs. »

       (ÉM. CHASLES).

« Original toute sa vie, dit un de ses biographes, il voulut l'être en-

On s'a servi pour li faire un lainn'ron ;
  On a copé des viell's quemiches,
  Pour immaillotter ch'gros poupon.

Quand Brûl'-Mason a v'nu in ache,
On li-a fait queusir un métier.
Quoiqu'i s' sintot bien du corache,
I n'a point volu êt' filtier.
Il a fait des tours de physique
Avec des muscad's, des gob'lets.
    De l' vir brûler,
    Pour in r'tirer
Des biaux rubans, d' l'étoupe d'sin gosier,
  Pris d' saisiss'mint, pus d'eun' pratique
  Dijot tout bas : Ch'est un sorcier !

Pou' l' vir, eun' fos, l' foule étot grande.
Un Tourquennios, d'un air malin,

core à sa mort : il habitait une petite maison sur la place du Théâtre ; l'escalier en était tellement étroit qu'il ne permettait d'introduire aucun meuble dans le *trou qui lui servait de chambre.* Peu de temps avant sa mort, il fit appeler un charpentier, l'obligea de construire son cercueil sur place, et le jour de son enterrement, au grand ébahissement des spectateurs, on fut forcé de le descendre par la fenêtre. »

Plusieurs toiles nous ont transmis les traits du célèbre chansonnier lillois. L'une d'elles, signée L. Watteau, est au musée Benézech, à Valenciennes ; une autre, provenant de la famille Vanackere, est au musée archéologique de la ville de Lille ; une troisième, attribuée à M. le marquis d'Aigremont, ancien conservateur du musée de Lille, appartient actuellement à l'auteur des *Chansons et Pasquillos lilloises*. X***
(Extrait du livret historique du Cortége des *Fastes de Lille*, 1863.)

On vot l' portrait de ch'l homme in r'nom,
Si bon chochon,
Si gai, si rond...
J'espèr' qu'un jour eun' ru' port'ra sin nom.
Si j'devos queusir eune inseinne,
Cha s'rot, pour sûr : A Brul'-Mason.

RO BOT !

OU LE BANQUET DES ROIS.

Air : Tous les Bourgeois de Chartres.

(Noté. — N° 2.)

    Pou parler d'eun' biell' fiête,
    Ch'est du banquet des Rois !
    Aussi, j'ai mis dins m' tiête
    D' vous in dire eun' séquoi.
    Ah ! quand j'y pinse, alfos,
    J' ris tant qu' ch'est à n' point croire,
A m'n orelle à tout moumint j' cros
Qu' j'intinds crier : « *Ro bot, Ro bot !!* » (*)
    Et qu'on nous verse à boire !

    CHARL'-LOUIS tout in nâche,
    Intre eun' fo' à m' mason ;

(*) Roi boit !

I m' dit : « Laich'-là t'n ouvrache
Et tin bonnet d' coton,
Pou v'nir à no' banquet,
Faut mett' tes pus biell's nippes !
Prinds t' biell' casquette et tin gilliet,
Tin nué pataIon, tes sorlets...
Surtout, n'oubli' point t' pipe ! »

J' prinds mes clique' et mes claques,
Et nous parton' à deux ;
Ch'étot dins l' ru' d's Étaques
Qu' nous d'vîme' êt' si heureux !
Dins l' guernier nous introns,
D'honnêt'té on m'accable !
J' vo' un lapin avé d's ongnons,
Des sauciss's, des choux, des rongnons,
Qui garnichottent l' table.

Théress', d'un air aimable,
M' di' : « Assijez-vous là. »
Mi, j' compte l' monde à table,
J' vos qui n'y-a l' point d' Judas !
Cha m' faijot du chagrin,
Et je l' di' à Thérésse.
Ell' me répond : « Soyez certain
Que l' quatorzième est in bon qu'min,
Veyez putôt.... m' tristesse ! »

J' dis merci à Théresse,
D' m'avoir dit ses p'tits s'crets.
Au lieu d' n'in fair' que treisse,
On fait quatorz' billets.
On dit que *l'Roi* paîra
Eun' cruche d' tros pots d' bière,
Et tout l' temps que l' banquet dur'ra,
In guiss' de trône, i s' servira
Du fauteul d'eun' gra'-mère.

On met din' eun' casquette
Les quatorze billets.
Je r'tire l' mien, je l' vette,
Et j' tache d' l'épéler.
Tros lett's ! S... O... T. SOT !!
D'abord cha tourne m' tiète...
Je m' ravisse, et j' di' aussitôt :
« Eh ben ! prouvons qu' pou faire l' sot,
I n' faut poin' êt' trop biète !

Pou faire eun' farc' nouvielle,
J' cros que v'là l' bon moumint ;
J' prind' un long bout d' fichelle,
Et puis, semblant de rien,
J' loie ÉTIENN' L'ÉCORCHÉ
Au boujon de s' cayère ;
V'là-t-i point qu' deux minute' après,

I' s' lève, et, pinsant d' s'in aller,
I fait *bonhomm'-par-tierre !*

On rit, mais l' roi sin frère,
N' trouvant point cha fort biau,
Ordonn' d'un air sévère,
De m' fair' boire un verr' d'iau !
On cante l' *Trou glou glou*
De ma tante Urlurette !...
Mais mi point si jobre d' boir' tout,
Quand il' ont fini l' *Trou glou glou,*
Sus l' tiêt' du roi j' le r'jette.

Le roi finit par rire,
Et tout l' mond' fait comm' li.
Alors chacun vient m' dire
Et d'un ton fort poli,
Tout plein d' biaux complimints.
Joyeux, j' cante à tu-tiête...
On m'applaudit par un ban d' quiens :
Ouaé, ouaé, ouaé, ouaé, infin, chés gins,
Pou m' plair' fnijottent l' biête.

Pindant huit heur's d'horloche
Qu' cheull' biell' fiête a duré,
Femm', homme' et p'tits mioches,

Ont rit, canté, dansé.
On a bu dins ch' banquet
Au moins quarant' canettes,
On a vidié vingt d'mi-potés,
On a chuché, buvant l' café,
Deux douzain's de *tablettes*.

Nous avons m'né à s' cave,
Le roi tout in cantant.
Mais, d' nous autes, l' pus brave,
N'allot qu'in balochant...
Pou m' part, j'ai queu tros fos !
Ch'est l' pus triste d' l'histoire...
On m'a dit qu' quand on me r'levot,
J' crio' incor : « *Ro bot ! ro bot !*
Qu'on nous apporte à boire ! »

LA LETTRE ET LE PORTRAIT

DU TAMBOUR-MAÎTRE.

Mlle. THÉRÈSE, jeune habitante du quartier Saint-Sauveur, vient de recevoir une lettre contenant le portrait de son amoureux, la fine fleur des tambours-maîtres de l'armée française; cette bonne nouvelle a tellement rempli son cœur d'une douce joie et d'un noble orgueil, qu'elle ressent le besoin de l'épancher dans le sein de plusieurs amies; aussi va-t-elle trouver ses plus chères compagnes pour leur dire ceci sur l'

Air de la Pipe de tabac (Gaveaux).

(Noté. — N° 3.)

Bonjour Christin', bonjour Constance,
J' viens vous régaler d' du café.
Comm' ch'est eun' biell' dans' quand tout danse,
J'ai du plaisi, j' veux l' partager!...
Croirez-vous qu' ch'est cheull' petit' lette (*)

(*) Elle montre une lettre fermée, portant pour suscription: » A Mademoiselle THÉRÈSE BONNELANGUE, dentellière, demeurant cour des Sots, 6   » A LILLE, en Flandre. »

Qui m'a rindu l' cœur si contint?
Cha n' vous surprindra pus, peut-ête,
Si j' dis que m'n amoureux est d'dins ! (*Bis.*)

Mais vous n' croyez point mes paroles,
Vous pinsez qu' j'ai perdu l'esprit?
Je l' vos : vous r'hauchez les épaules,
Et, dins ses dints, chacun d' vous rit.
Saint Thomas, qui n' volot rien croire
Sans toucher l'ma... avot s' raison.
(Dépliant la lettre et montrant le portrait.)
Mais mi, j' vous fais vir min Grégoire !
Conv'nez qu' douter n'est pus d' saison. (*Bis.*)

C'est bien li !... mais pourtant, ch'l imache
A les ch'veux noirs, les siens sont roux...
Elle a bien queq's poquett's par plache,
Mais m'n amoureux n'n a tout partout...
Il a l'nez couleur des carottes,
Et su' ch' portrai' il est tout blanc...
A cha près d' ches quequ's petit's fautes,
On peut dir' qu'il est bien r'semblant ! (*Bis.*)

Vettiez, jeun's fill's, vettiez cheull' lette!
Comm' ch'est bien fait! comm' ch'est écrit !...
Cha vient comm' cha, tout seu, dins s' tiête,

Car i n' sait rien, li-même l' dit.
S'i n'avot point pour ses baguettes
Un goût, un amour sans égal,
Il n' s'rot point l' roi des tambours-maîtes,
Mais, peut-ête, un grand général. (*Bis.*)

Acoutez, j' vas faire l' lecture,
Vous m'direz si ch'est bien dicté :
« J' t'invoi', Théress', de m'n écriture,
Pour connoit' l'état de t' santé.
L' mienne, j' peux dir' qu'elle est parfaite ;
Mes tambour' in sont étonnés !
Vrai, m' panche est dev'nue à porette,
Et mes balouff's much'tent min nez. (*Bis.*)

» Te m'as d'mandé dins t' dernièr' lette,
Si j' t'ai conservé tout m'n amour.
Je l'jur' su' m' cann' de tambour-maîte,
Je n' pins' qu'à ti, tout l' nuit, tout l' jour.
Si pour mi te gardes t' tendresse,
Min congé fait, nous s' marîrons ;
Pour trouver l'Paradis, Théresse,
On n'ara qu'à v'nir à m' mason. » (*Bis.*)

Grégoir', merci ! je n' sus point ladre,
J' veux t' donner eun' preuv' d'amitié :

Pour mett' tin biau portrai' in cadre,
J' port'rai mes nippe' au Mont-d'-Piété!...
Je n' m'inquièt' point si, dins m'n armoire,
N'y-a pus ni burr', ni viand', ni pain,
J' n'arai qu'à vettier min Grégoire,
Et j' n'arai pus ni so, ni faim ! (*Bis.*)

LE SPECTACLE GRATIS.

Air du Nunu

ou de

Madame Grégoire (Béranger).

(Noté dans le 3ᵉ volume, page 119.)

  Par un biau matin,
M'n amoureux s'in vient m' dire : « Élisse,
  Te sais bien qu' ch'est d'main
Qu'on va juer l' *Comédi Gratisse !*
  Pour y aller à deux,
  Mi, j' mettrai m'n habit bleu ;
Ti, te mettras tous tes dorlores,
Et t'n écourcheu couleur aurore...
  D'après chin qu'on dit,
  Qu'nous arons du plaisi ! »

  V'là donc l' jour venu,
Ah ! jour de malheur quand j'y pinse !
  Bras d'zous et bras d'sus,

Nous partons calés comm' des princes.
    Mais là, l' diffigulté,
    Vu l' monde, étot d'intrer...
Tout d'un cop! i vien' eun' poussate,
Conte l' mur on m' rétind tout' plate !
    J' vo' à min côté,
    Min pauv' Ritin brond'lé !!!

    Quoi dir' ! quoi dev'nir !
Tous chés gins, d' rir' tenott'nt leu panche ;
    Mi j' volos sortir,
Mais m'n amoureux m' tirot pa' m' manche,
    Dijant : « Min patalon
    Est troé dins les fonds... »
Infin, pour nous trouver eun' plache,
Nous grimpons qu'au trosième étache.
    Sur des bancs bourrés,
    Vit' nous s'avons plachés.

    Mon Dieu ! queu malheur,
N'y-ara donc point moyen d' s'intinte.
    D'un côté on queurt,
Et d' l'aut' côté on s' délaminte ;
    L'un di' : « Aie-iaé ! min bras ! »
L'aut' : « Qu'est-ch' qui m' pouss' donc là ? »
J'in vos qui s' donn'tent des calottes ;
La pièc' ! la pièc' ! crittent les autes.

Des diables l'général,
Fait-i pus d' baccanal?

Tout comme d's hérings,
Nous étim's collés l'un cont' l'aute.
Heureus'mint, j'intinds
Tros grands cops buqués sur eun' porte :
On cri' : « Ch'est cha ! le v'là !..
Capiaux, casquette' in bas ! »
Alors on intind de l' musique,
Et j' peux vous dir' qu'elle étot chique...
On lève l' rideau,
Et nous veyons l' tableau !

Pour mi j' n'ai rien vu
De l' première act' ni de l' deuxième,
J' n'ai poin' intindu
Un seul mot tout l' long de l' trosième.
Mais m'n amoureux Ritin,
Comme i claquot des mains,
In criant *bis !* à perde haleine...
Mais v'là qui r'chot du quaterième,
Su' sin biau capiau,
Un cat l' grosseur d'un viau !!

Nous n'n avîme' assez,
Et n' volant point vettier l' reste,

L' long des émontés,
Ah ! parlez, comm' nous étîm's lestes ! ..
Sur nous, jusqu'à dins l' ru',
Des gins criottent : *Ha ! hu !*
Adieu acteurs, adieu musique,
Adieu danseu' et tout l' boutique,
Car tant qu'ell' dur'ra,
L' comédi' n' m'attrap'ra.

LES DEUX COMMÈRES.

Air du Sergent-de-Chœur

ou

J'ons un Curé patriote.

(Noté dans le 3ᵉ volume, page 71.)

Eh ! bonjour donc m' bonn' Victoire,
J' viens vous apprind' du nouviau ;
Fait's du café pour nous boire,
Mais surtout point du berleau...
Su' l' temps qui boûra su' l' fu,
J' vous in dirai long et dru...
    Ch'est un s'cret,
    Faut m' jurer
Qu' jamais vous n'in parlerez,
Non jamais vous n'in parlerez.

Si vrai que j' m'appell' Lilique,
L aut' jour, j'ai vu l' femme Hubert
Qui partot pour la Belgique,

Par les vagons du qu'min de fier !...
Elle avot pour compagnon,
Célestin, l' fameux luron.
> Ch'est un secret,
> Faut m' jurer
Qu' jamais vous n'in parlerez,
Non, jamais vous n'in parlerez.

Faut que j'vous raconte un rêve
Qui m'a r'mué qu'à l' plant' des pieds :
J'avos cuit des platés-fèves,
Eun' bielle om'lette d' tros œuës,
Mais quoi-ch' que vous in direz,
Min cat maing' tout d'vant min nez !...
> Ch'est un s'cret,
> Faut m' jurer
Qu' jamais vous n'in parlerez,
Non, jamais vous n'in parlerez.

J'ai consulté Gross'-Magrite,
Cheull' faijeus' de carte' in r'nom.
Qui m'a di' : « Ah ! m' pauv' petite,
L' *cat*, signifi' trahison,
Les *fèv's* f'ront v'nir vot-n-homme sot,
Les *œuës*, ch'est des cops d' chabot. »
> Ch'est un s'cret,
> Faut m' jurer

Qu' jamais vous n'in parlerez,
Non, jamais vous n'in parlerez.

In effet, l' lind'main dimanche,
M'n homme ayant lampé quéq's cops,
D' min vieux ramon i prind l' manche,
Et v'là qu'i l' cass' su' min dos !...
Ch'est qu'il étot v'nu jaloux,
Qu' j'avos bu avec Min-Roux !...
    Ch'est un s'cret,
    Faut m' jurer
Qu' jamais vous n'in parlerez,
Non, jamais vous n'in parlerez.

Pour qui n' faich' pus sin rébelle
Et mett' fin à ses discours,
J'ai fait brûler eun' candelle
A Noter-Dam' de Bon-S'cours !....
M'n homme in rintran' à m' mason,
Etot douch' comme un mouton !
    Ch'est un s'cret,
    Faut m' jurer
Qu' jamais vous n'in parlerez,
Non, jamais vous n'in parlerez.

A ch' propos, nos deux commères
Ont bu leu tass' de café;

Il' ont vidié tros p'tits verres,
Afin de l' bien couronner.
Leus homme' in rev'nant d'ouvrer,
N'ont point trouvé d' quoi souper.
  Ch'est un s'cret,
  Faut m' jurer
Qu' jamais vous n'in parlerez,
Non, jamais vous n'in parlerez.

LES AMOURS DE JEANNETTE
ET DE GIROTTE.

Air : On dit que je suis sans malice, du *Bouffe et le Tailleur*, musique de Gaveaux.

(Noté. — N° 4.)

Jeun's infants, acoutez Jeannette :
Auterfos j'étos joliette,
Des amoureux v'nott'nt tous lès jours,
A m' mason, m' parler d' leus amours.
I m' dijott'nt : « T'es biell' comm' la lune,
Si j' l'avos, j' te donn'ros m' fortune. »
Faut dir' qu'alors j'avos vingt ans... ⎫
I ne r'viendra pus ch' bon vieux temps. ⎬ *Bis.*

Quand j' vos l' bal de l' Vielle-Avinture,
Min cœur palpite, j' vous l' l'assure,
Ch'est là qu' par un biau p'tit soupir,

L'amour, un jour, s'a fait sintir.
Un blondin, qu'on app'lot Girotte,
Etot ch'ti qu' j'aimos pas d'sus l's autes.
Mais chin qui m' faijot bien bisquer, ⎫
Ch'est qu'i n' venot point s' déclarer.. ⎬ *Bis.*

Ah! qu'il étot biau, min Girotte!
Avec ses bas d' soie et s' culotte,
Avecque s'n habit d' bouracan,
Et sin jabo' à tros volants...
Mettant sin capiau à la craine,
Ch'étot point d' ches homme' à l' douzaine...
Il arringeot si bien ses ch'veux, ⎫
Qu'il avot dije-huit pouc's de queu! ⎬ *Bis.*

Un jour, v'là qu' nous s' plachon' in danse,
L' musiqu' queminche, et mi, j'm'élance!...
Un lourdiau, faijant d's interchats,
M' donne un cop d' pied et m' jette à bas.
On a vu!... (queulle hont' pour eun' femme!)
Un n' séquoi... qu' je n' vos point mi-même...
Mais min sauveur, vif comme un lion, ⎫
M'a r'planté' d'sus mes deux talons. ⎬ *Bis.*

I follot s' vinger de ch'l injure,
Qui n'est point d' cheuss'-là qu'on indure.

Girott' li dit : « I faut sortir,
Et sos sûr que j' vas t' démolir... »
J' les vo' incor : i s' mett'nt in garde.
Girott' li donne eun' bielle œulliarde ;
Et le v'là qui s'in r'vient vainqueur,
M'offrir et s'n amour et m'n honneur. } *Bis*.

Mi, j' li réponds : « Jeune homm', cha m' flatte !
Pour prouver qu' je n' sus poin' ingrate,
Ah ! t'nez, pernez cheull' mèch' de ch'veux...
Mais... séparons-nous tous les deux.
L'affront qu' j'ai r'chu est tell'mint grave,
Que j' n'os'rai pus sortir de m' cave... »
Bah ! qu'i m' dit, on l' l'a si peu vu,
Qu'à ch't heure on n' le r'connaich'rot pu ! } *Bis*

A cheull' parol' si raisonnable,
Dit' d'un ton bien douch', bien aimable,
J' li dis : « Jeune homm', tapez là-d'dins,
Et pour la vi' j' vous appartiens ! »
N'y-avot dins ch' bal eun' méchant' rousse,
Qui m' dit, tant qu'elle étot jalousse :
« Si j' s'avos d'avoir tin bonheur,
J' f'ros vir chin qu' t'as moutré t't-à l'heur'. » } *Bis*.

V'là chin qui reste d' min Girotte :
Il est vieux, cassé... i radotte ;

Li , aut'fos, si frais, si gaillard,
I n' li reste rien... qu'un catarrh' !
Ah ! bien souvint je m' désespère,
D' vir un homm' comm' li dins l' misère...
Mais nous s' consolons tous les jours, ⎫
In nous rappélant nos amours.   ⎬ *Bis.*

LE MARCHAND DE POMMES DE TERRE.

Air de la Mort d'Azor.

(Noté dans le 3ᵉ volume, page 23).

1839.

Comme l' commerce est à l' baleine,
Min maît' m'a donné min livret ;
Mais j' vas tacher de m' tirer d' peine,
In essayant d'un aut' métier.
J'irai d'main, avec eun' cayère,
Avec eun' marmite d' puns-d'-tierre,
Sus l' Grand'Plach' tout du long du jour,
Crier d' bon cœur et comme un sourd :

Tout boulants ! tout boulants ! (*)
V'là des puns-d'-tierr' charmants !

(*) Ce refrain est la reproduction exacte du cri d'un ancien marchand de pommes de terre cuites en plein vent.

Après la révolution de 1830, beaucoup d'ouvriers sans travail entreprirent cette profession. On a compté jusqu'à vingt marchands sur la Grand'Place. Aussi, dans une chanson patoise de cette époque, disait-on, en parlant de Charles X :

S'i n'y-a tant d' marchands d' petotes,
Ch'est de s' faute.

Pour cheuss' qui ven'ron' à m' boutique,
J'arai toudis du bon cotin,
L's ouveriers sortant d' leu fabrique,
Diront : « Courons vite à Gustin.
A s' boutiqu', suivant l' vieux principe,
Pour un doupe, on alleume s' pipe,
On a des puns-d'-tierre et du sé,
Même eun' vaclett' pou s' récauffer... »

    Tout boulants ! tout boulants !
    V'là des puns-d'-tierr' charmants !

J'irai peut-ête à l' comédie,
Débiter mes puns-d'-tierr' tout cauds,
On n'a jamais vu cha d' la vie,
J' f'rai tort à l' cav' des *Quat'-Martiaux*.
Pou s' désinnuyer, dins l's intre-acques,
On va s'y régaler d' couq'-baques;
A ch't heur' mes petotte' on maing'ra,
Et tout l' monde, avec mi, crîra :

    Tout boulants ! tout boulants !
    V'là des puns-d'-tierr' charmants !

Honnêt'mint j' vas gangner mes croûtes,
A ch' biau commerce, et peut-êt' bien
Qu'un jour, si j'n'ai point trop d' banqu'routes,

Comm' Pinard (*) j'acat'rai du bien...
Et si j' trouve eun' fillett' bien sache,
Aussitôt j' li parle d' mariache...
Pus tard, si nous avons d's infants,
I diront comm' mi, étant grands :

Tout boulants! tout boulants!
V'là des puns-d'-tierr' charmants!

(*) Pinard est le premier qui ait vendu des pommes de terre sur la voie publique. On raconte sur cet industriel une anecdote assez piquante :

Il habitait une cave, où, débitant sa marchandise, il appelait les chalands par cette phrase sacramentelle : « *Allons vite, i boutent!* » C'est-à-dire ils sont chauds, bouillants. Les clients, répondant à cet appel, se disputaient à qui aurait les prémices de la marmite ; ils en sont venus plus d'une fois aux mains. Cela finit par déplaire au *maître de maison*, qui signifia à Pinard de quitter sa demeure dans la huitaine. Mais celui-ci, au lieu d'obtempérer à cet ordre, va trouver le propriétaire de la maison, achète cet immeuble, et somme le principal locataire de déguerpir au plus vite.

LE VOYAGE A PARIS

OU

LE TRAIN DE PLAISIR.

Air : Ramonez-ci, ramonez-là.

(Noté. — N° 5.)

On m'avot tant vanté l'mervelle,
De l' grand' vill' qu'on appell' Paris,
Qu' pindant pus d' quinze ans, dins m' cervelle,
L'idé' de l' vir trottot toudis.
Un biau jour, v'là-t-i point qu'on m' dit,
Qu'on y va pour eun' bagatelle !
Pour n'in point manquer l'occasion,
A m' femme j' dis : Vinds tin copon ! (*)
J' veux profiter de ch' train d' plaisi,
Pour savoir si vraimint, Paris,
Ch'est, comme on l' di', un paradis. »
   Tra de ra la la la la laire,
   Tra de ra la la la la la.

(*) Sans nul doute la femme de notre voyageur est dentellière, puisqu'il fait allusion au *coupon* de dentelle qui était encore sur le métier.

Ch' biau jour arrivé, j' m'indimanche,
Et, dins l' craint' d'arriver trop tard,
A l'estation, tros heur's d'avanche,
J'attinds, maingean' un morciau d' lard.
On donne l' signal du départ !
Partons ! qu' je m' dis, j'ai rimpli m' panche.
Pour aller vir ches Parisiens,
J' cros qu' nous étîme' au moins... vingt chints !
Un cop d' trompette, et nous partons,
Avecque l' gaîté des pinchons,
In cantant des joyeus's canchons.
 Tra de ra la, etc.

Nous étîme' au quart du voyache,
Et les canchons roulott'nt incor ;
D' rire et d' canter, j'éto' in nache,
Dins min coin je m' rétind' et j' dors.
Mais su' l' temps que j' ronflos bien fort,
Des farceux m'ont noirchi l' visache.
Ignorant l' farce qu'on m' juot,
Comme un vrai bienheureux j' révos.
Infin, chinq à six heure' après,
Quequ'un m' boscul' pou' m' réveiller,
Et m' dir' : « Filiss' t'es-t-arrivé ! »
 Tra de ra la, etc.

Tout aussitôt j' mets pied-à-terre,
In criant : « Le v'là donc, ch' Paris !.. »

J' vett' tout l' mond' dins l' débarcadère,
Je n' vos qu' des visach's réjouis.
Je d'mand' tout haut : Pourquoi-ch' qu'on rit ?
On a l'air d'in faire un mystère...
Des Parisiens, autour de mi,
S' mett'nt à crier : « *A la chienlit !!*
Est-c' que Lille est un pays chaud ?
Dis donc, fiston, vois c' moricaud,
Il a l' teint frais comme un crapaud ! »
    Tra de ra la, etc.

Ah ça ! qu' m' dis, ch'est pus pour rire,
Ont-i l'invi' de m' faire aller ?
J' m'approch' d'eusse, et j' leu dis de m' dire,
Quoi-ch' qui les fait tant rigoler ;
In mêm' temps, j' mets min poing d'zous l' nez
Du pus grand criard, qui se r'tire.
J' crie à tertous : « Faites l' bouton, (*)
U bien gare au *saut du mouton !* (**)
Souv'nez-vous du bombardemint,
Et craingnez, méchants Parisiens,
D'êt' traités comm' des Autrichiens !!
    Tra de ra la, etc.

(*) Taisez-vous.

(**) Tour de lutte très-connu des gamins de Lille. Il consiste à saisir l'adversaire par les jambes, à la hauteur des jarrets, et à lui faire faire la culbute.

Heureus'mint, su' l' temps que j' m'esplique
Au mitan d' tous ches inragés,
Arrive un garchon de m' boutique,
Qui m' dit : « Filisse, in v'là assez,
Cha n' t'aras point débarbouillé,
Quand t' leu-z-aras donné eun' trique! »
Ch'est là qu' j'ai fini par savoir
Qu'on avot peint m' figure in noir.
Pour oblier ch' prémier chagrin,
Chez l' marchand d' vin qui reste au coin,
Nous allons boire un p'tit tarin.
   Tra de ra la, etc.

Avec un verr' de vin dins l' tiête,
Un malheur est vite oblié,
J' pins' qu'il est temps d' quemincher l' fiéte,
Nous allons donc nous pourmener.
Comm' nous n' suvîm's point d'ù aller,
Nous marchîme' *à la bonn' flanquette*.
N'y-avot point moyen d' fair' tros pas,
Sans qu'un cocher nous cri' : *Gar' là !!*...
Pour n'avoir poin' intindu ch' mot,
Eun' bousculad' m'a, tout d'un cop,
Fait prinde un bain d' siége au richo!
   Tra de ra la, etc.

D' frayeur, j'avos pus d' sang dins m' poche,
Tell'mint ch' brond'lach' m'avot saisi.

Incore un p'tit peu, cheull' caroche
M'arot tout-à-fait raplati.
Quand j' vivros deux chints an' et d' mi,
J' n'oblirai jamais cheull' bamboche.
Si dins l' moumint j' l'avos povu, (*)
J'aros r'tiré min doup' du ju...
Mais n' povant point faire autermint,
J' di' à min comarad' Bastien :
(Bâillant très-fort.)
« Tachons donc d' prinde d' l'agrémint ! »
   Tra de ra la , etc.

I m' répond, in m' moutrant l'inseinne
D'un restauran' à VINGT-DEUX SOUS !
« Un bon moyen d' nous tirer d' peine,
Ch'est d' mainger à gangner l' seglout. »
Nous introns. Là, nous maingeons d' tout,
Histoir' de s' faire eun' gross' bedaine.
Après nous avoir rimbourés,
Min comarad' s'in va payer.
V'là bien un aut' désagrémint!
Ch' gargotier d' malheur, nous apprind,
Qu' nous avons chinq francs d' supplémint !
   Tra de ra la , etc.

(*) Ces cinq derniers vers doivent être chantés avec un bâillement progressif.

Chinq francs! vous s'abusez peut-ête?
— Li dit Bastien, — l' marchand rit d' li.
Alors eun' idé' pass' dins m' tiête :
Ch'est qu' nous somm's dins L' FORÊT D' BONDI.
J' di' à Bastien : « Sortons d'ichi,
Filons sans tambour ni trompette ;
Allons-nous-in r'vir SAINT-SAUVEUR,
Là, n'y-a pus d' brav's gins que d' voleurs... »
Infin, mes gins, me v'là r'venu,
Sans doup's dins m' poche, et j' n'ai rien vu
De ch' Paris qui n' me r'verra pus.
   Tra de ra la la la la laire,
   Tra de ra la la la la la.

HISTOIRE DE LYDÉRIC ET PHINAERT (*)

ou

RÉCLAME EN FAVEUR DE LA FONTAINE DEL SAULX.

Air du Père Antoine (Musique de M. Ed. Lalo).

(Noté. — N° 6.)

1849.

Mes amis, prêtez bien l'orelle,
J' vas vous dire un n' séquoi d' nouviau :
On vient de r'trouver eun' mervelle,
Qu'on appelle l' *fontaine del Saulx*...

(*) Vers l'an 620, Salvaert, comte de Dijon, s'en allait en Angleterre avec Emelgaïde, sa femme, alors enceinte ; — comme il passait avec sa suite dans le *bois de Sans-Pitié* (situé à l'endroit où fut ensuite bâtie la ville de Lille), un seigneur féroce et avide, nommé PHINAERT, qui occupait à cette époque le *château du Buc*, au centre du bois de Sans-Pitié, se jeta sur lui à l'improviste avec les soudards de sa bande. Salvaert et tous ses serviteurs furent massacrés ; mais au milieu du tumulte, Emelgaïde se sauva à travers les marais et alla se cacher près de là, dans le voisinage d'une fontaine qu'ombrageait un bouquet de saules. Bientôt, exténuée de fatigue, pénétrée de terreur, la pauvre comtesse accoucha dans cet endroit, avant terme, d'un bel enfant mâle qui semblait plein de force et de vigueur.

A peine la mère commençait-elle à reprendre ses sens, qu'elle vit venir

Rien que ch' nom nous rappell' l'histoire
De ch' gueux d' Phinaert et d' Lydéric,
Deux gaillards qui s' sont griblés d' gloire
    A grands cops d' pic !...
  D' vos bourse' i faut, sans peine,
  Déloyer les cordiaux,
  Et nous r'verrons l' fontaine
    Del saulx.

Si ch'est vrai chin qu' m'a dit m' gra-mère,
Phinaert n'étot qu'un vrai capon,
Qui, d' Lydéric, avot tué l' père,
Et rinserré l' mère in prijon.
Heureus'mint pou' cheull' pauver femme,

---

de loin Phinaert et ses soldats acharnés à sa poursuite. Alors, voulant du moins dérober son fils nouveau-né aux recherches de l'infâme ravisseur, Emelgaïde cacha l'enfant dans un buisson, l'abandonna à la grâce de Dieu et se laissa emmener prisonnière dans les sombres murailles du château du Buc. Vers le soir de cette même journée, un *ermite* qui se nommait LYDÉRIC et qui vivait près de la fontaine des Saules (*fontaine del Saulx*), entendit les vagissements de l'enfant abandonné, le recueillit, le fit nourrir par une *biche*, lui donna son nom de Lydéric et l'éleva avec autant de soins que si c'eût été son propre fils.

  Vingt ans se passèrent ainsi. L'enfant était devenu un homme, et, qui mieux est, un vigoureux et vaillant guerrier, qui maniait admirablement la lance et l'épée et ne songeait plus qu'à venger son père et à délivrer sa mère captive. Le jeune Lydéric s'en fut donc trouver le roi de France, Clotaire II, et lui demanda congé pour défier et combattre Phinaert. Le roi ayant autorisé cet appel au *jugement de Dieu*, le combat eut lieu sur le théâtre même de l'attentat commis vingt ans auparavant. Après une lutte terrible, le jeune Lydéric tua Phinaert et délivra sa mère. Clotaire II, enchanté de la bravoure du vainqueur, le nomma *forestier de Flandre* et lui donna le château du Buc pour résidence.

H. BRUNEEL, les Fastes de Lille.

Qu'avant d'êt' dins l'main de ch' brigand,
Elle avot, tout près d'eun' fontaine,
  Porté s'n infant.

 D' vos bourse' i faut, sans peine,
 Déloyer les cordiaux ;
 Et nous r'verrons l' fontaine
  Del Saulx.

A cheull' fontaine un pauve ermite,
Un jour s'in allant quère d' l'iau,
Intindant braire, i vett' bien vite.
Quoi-ch' qu'i vot ? un infant fort biau !
I l' prind dins ses bras, il l'imbrasse,
R'merci' Dieu, s'apprête à l' bénir...
Un n' séquoi pourtant l' l'imbarrasse...
  Ch'est pou' l' norir.

 D' vos bourse' i faut, sans peine,
 Déloyer les cordiaux ;
 Et nous r'verrons l' fontaine
  Del Saulx.

De n' povoir li servir de mère,
Ch' pauve ermite avot du chagrin...
Mais l' bon Dieu n'a point mis su' l' tierre
Des infants, pou' morir de faim.
Il invoie eun' biell' gross' maguette,
Pour donner du lait à ch' marmot,

Et l'infant, avec des bonn's têtes,
    A v'nu fin gros.

  D' vos bourse' i faut, sans peine,
  Déloyer les cordiaux ;
  Et nous r'verrons l' fontaine
    Del Saulx.

Lydéric a dins ch'l ermitache,
Resté jusqu'à l'âche d' vingt ans.
Alors, connaichant sin corache,
L'ermit' li dit : « Parte ! il est temps.
Vas-t'in trouver le roi Clotaire,
D'mand'-li eun' compani' d' soudarts,
Et te viendras délivrer t' mère,
    In tuant Phinaert... »

  D' vos bourse' i faut, sans peine,
  Déloyer les cordiaux ;
  Et nous r'verrons l'fontaine
    Del Saulx.

Lydéric va trouver l' roi d' France,
I li dit s'n affaire in deux mots.
Clotair' répond : « Cha cri' vengeance !
I faut l' tuer comme un escargot !...
Dès d'main nous s' mettron' in voyache,
Pour aller trouver ch' gueux d' Phinaert ;

Tiens, v'là m' lance ! i faut percher ch' lache
    Comme un bout d' lard. »

  D' vos bourse' i faut, sans peine,
  Déloyer les cordiaux ;
  Et nous r'verrons l' fontaine
    Del Saulx.

Un jour, on intind dins tout Lille,
Des tambours, des fif's, des clairons...
Ch'est l' cortéch' du roi qui défile
D'vant Phinaert, furieux comme un lion.
Lydéric aperchevant ch' traîte,
Moute l' poing et li cri' : « Capon,
A morir i faut qu' te t'apprêtes,
    Cha n' s'ra point long... »

  D' vos bourse' i faut, sans peine,
  Déloyer les cordiaux ;
  Et nous r'verrons l' fontaine
    Del Saulx.

Aussitôt l' victime et l' coupable,
Au grand galop mont'nt su' des qu' vâs.
Ch'étot pus d's homm's, ch'étot des diables !
I s' lardott'nt comm' des cervelas...
Mais Phinaert, perdant l' résistance,
Quai à tierre in criant : « Malheur !! »

L'IVROGNE ET SA FEMME.

Air : Encore un quart'ron, Claudine.

(Noté. — N° 7.)

Au cabaret, Victoire
Va quèr' sin vieux daron ;
Ell' l'ingache à n' pus boire,
Mais ch' l'ivrogn' li répond :
— Incore un pochon
    A boire,   *Bis.*
Incore un pochon !

« Viens vit', li dit Victoire,
Acout' sonner l' lainn'ron ;
I te r'mé' in mémoire
Qu'i' faut v'nir à t' mason. »
— Incore un pochon
    A boire,   *Bis.*
Incore un pochon !

« Tiens, j' vas dire t'n histoire
D'vant tous ches gais lurons,
Qui n' vodront jamais m' croire,
Car i n'y-in a trop long... »
— Incore un pochon
   A boire,   *Bis.*
Incore un pochon !

« On a parlé d' Grégoire,
Qui étot toudis rond,
On dirot qu' te t' fais gloire
D'imiter ch' grand capon. »
— Incore un pochon
   A boire,   *Bis.*
Incore un pochon !

« J'ai pus rien dins m'n armoire,
D'puis qu' t'as quitté m' mason,
Ni pain, ni burr', ni poire,
Point même un cornichon ! »
— Incore un pochon
   A boire,   *Bis.*
Incore un pochon.

« Quand il a, pour li boire,
Dépinsé l' dernier roud.

I vind, vodrez-vous m' croire,
Jusqu'à sin patalon ! »
— Incore un pochon
    A boire,   *Bis.*
Incore un pochon !

« Pourtant l' lundi d' la foire,
Il a r'chu eun' leçon :
Sans les cris de s' Victoire,
On l' meno' au violon. »
— Incore un pochon
    A boire,   *Bis.*
Incore un pochon !

Infin, ch' nouviau Grégoire
A r'gangné sin taudion.
Ronflant tout près d' Victoire,
I répétot s' canchon :
— Incore un pochon
    A boire,   *Bis.*
Incore un pochon !

LE R'VIDIACHE.

PASQUILLE.

1849.

FRANÇOS.

Un jour in passant pa' l'Réduit,
On m' cri' : Franço, v'nez par ichi !...
Aussitôt j'intre au P'tit-Baptême! (*)
Et là, j' vo' eun' douzain' de femmes
Qui, d'un verr' de bièr' m'ont salué,
In m' dijant : « Chos, à vo' santé ! »
In choquant nos verr's l'un cont' l'aute,
J'ai rinversé l' mien su' Charlotte,
Qui li-a fréqui sin moucho bleu,
A gliché l' long de s'n écourcheu,
Et deschindu jusqu'à dins s' cauche...
On comprind qu'après cheull' bamboche,

(*) Enseigne d'un cabaret situé sur le Réduit.

Et' sérieux, nous ne l' povîm's pus,
Nous avons ri comm' des bochus...
Mi, poli comme un maît' de danse,
J'allos leu' tirer m' révérence...

CHARLOTTE.

Un capuchin n' va point tout seu,
Ainsi, vous allez boire d' deux ;
Après, si vous êt' raisonnable,
Vous s'assîrez là, d'vant cheull' table,
Et l'eun' de nous vous racont'ra
De l's affaires q'minch' qu'i n'in va...

FRANÇOS.

Comme j' connaichos cheull' drôlesse
Pour eun' farceuss' de l' bonne espèce,
J' li dis : Charlott', ch'est intindu,
J' reste avec vous... » Ell' continu :

CHARLOTTE.

Vous avez r'marqué m' fill' Victoire,
Pa'c'qu'elle est gaonn' comme un pun-poire ?
J' m'in vas vous dir' pour queull' raison :
Ell' vient d' s'accoucher d'un garchon...

FRANÇOS.

Quoi-ch' que vous m' dit's donc là, Charlotte,

Mes gambe' in floïtt'nt dins mes bottes !
Ell' n'a mie incor dije-huit ans ?
Mon Dieu, mon Dieu ! n'y-a pus d'infants !...
— *N' m'attindant poin' à cheull' noŭvielle,*
J'étos resté comme eun' etnielle.
Veyant cha, Charlotte m' dit : « Chos,
R'vené' à vous, buvon' eun' fos,
I n' faut mi' vous in fair' tant d' peine,
Elle est bonne ouverière à l' laine,
Du corache et puis des bons bras,
Peutt'nt norir six infants comm' cha ! »

FRANÇOS.

Charlott' ch'est parler comme un life !
Et t'nez, j' veux bien r'chevoir eun' gife,
Si chin que j' vas dir' n'est point vrai :
J'aim' mieux vous intind' que l' curé.
— *J'ai dit cha pour flatter Charlotte,*
Ell' l'a vu, car ell' n'est point sotte,
Et m'a dit d'un ton plein d' doucheur :
             (Prenant un verre de bière.)
Avalons toudis cheull' douleur !

CHARLOTTE.

A ch't heur' vous m'acout'rez, j'espère,
J' vas vous dir' qui-ch' que ch'est sin père,
Et pourquoi-ch' que dins ch' cabaret

Nous somm's venus faire un banquet.
Vous connéchez bien sûr Bobêche ?

FRANÇOS.

Non.

CHARLOTTE.

Dins l'été qui vind de *l' fraiche,*
Et l'hiver, dins les cabarets,
I fait juer *à l' pu' haute, à dés,*
Pour des *carrés,* des *gauqu's,* des *plautes...*
Bah ! vous n'in connéchez point d'autes...

FRANÇOS.

Quand vous m' dirît's cha jusqu'à d'main,
J' vous dis, mi, qu' je n' le connos point.
Charlott', vous m'in dit's là eun' bonne.
Vous voulez que j' connois-che un homme
Que j' n'ai jamais vu ni connu ?
Ch'est par trop fort, et j' n'y tiens pus.

CHARLOTTE.

Allons ch'est tout, volontairette,
I n' faut point vous monter tant l' tiête.
J' vas finir min récit tout court :
J' vous dirai donc qu'il est tambour,
Et qu'il a parti pou' l'Afrique ;
Qu'il a attrapé la colique,

Car i paraît qu' dins ch' pays-là,
On leu fait mainger du vieux q'vâ
Qu'on arrinche in *bœuf à la mode*,
On trouv' que ch'est assez commode
D'norir ainsi ches pauv's soldats.
A propos, parlon' un peu cha,
I va bien maj'mint pou' la France?
Les Bedouins ont fait résistance,
Et ont tué au moins chint Français?
Qui-ch' que ch'est donc ch'l ABREL-CADET?

FRANÇOS.

Abrel-Cadet! m' bonn' vieill' Charlotte,
Ch'l homm' là n'est point fait comme un aute.
J'ai su, par des gins qui l' l'ont vu,
Que l' TAMBOUR-MAJOR DES-Z-HURLUS,
Tout près d' li n'est qu'eun' marionnette.
Il a tell'min' eun' forte tiête,
Qu' sin capiau est un vrai batiau,
Il a eun' bouq' comme un tonniau,
Des yeux de l' grandeur d'eun' assiette,
Rien qu'à las vir, on a l' vénette,
Car on dirot deux pistolets
Su' les Français toudis braqués;
Il a d's orell's de quien caniche,
Et sin nez ch'est eun' vrai' potiche;
Je n' sais point s'il est fort velu,
Car ches gins n'avott'nt point tout vu.

J' sais sur li eun' fameusse histoire :
Par un jour, il éto' à boire
Avec des vauriens d' sin pays,
I leu dit comm' cha : « Mes amis,
J' pari' que j' vas vous faire du piche ! »
Les aut's, peur qu'i leu jue eun' niche,
Li ditt'nt : « Maît', chin qu' vous f'rez on l' f'ra.
I répond : « Montons vite à q'vâ,
J' viens d' vir des solda' in colonne,
Et j' veux leu donner pus d'eun' *pronne.* »
In effet, chinq minute' après,
Arrive eun' compani' d' Français.
Les Bedouins sortent d' l'imbuscade,
Et d' ches brav's faitt'nt eun' marmelade !
V'là tous ches pauv's fantassins pris
Comm' din' eun' attrape à soris ;
L' tambour, qui étot quasi croque,
Est mor' in battant la berloque...

. . . .

Là-d'sus, tout ch' mond' qui m'acoutot,
S' mé à brair' des larm's comm' des pos ;
Mais j' leu-z-ai dit : « Pernon' eun' prisse.
Nous n'arons pus no' cœur si trisse. »
In mêm' temps j' vo' intrer L' PARRAIN
Avec des provisions dins s' main.

LE PARRAIN.

Honneur et joi', santé, ganiache !...

(Avec étonnement.)

Ch'est comm' cha qu'on fait le r'vidiache ?
Ch'est biau d'aller au cabaret,
Pour y braire et s' délaminter !
Quoi-ch' que j'ai l'air, mi ? d'eun' berdoulle,
Avec mes biaux six sous d'andoulle,
Min *p'tit-salé*, m' moutard', mes œuës,
Et m' bieill' douzain' de *pains-français !*
J'ai bien su leu d'mander l' treizième,
Car on n'in cont' poin' à Etienne
Su' les affair's du boulainger,
Du chaircutier et du graissier.
Aussi j' peux dir' que j'ai eun' femme,
Sans m' vanter, pu' heureuss' qu'eun' reine,
Sitôt qu'elle est l'vée au matin,
J' vas li porter bien vit' dins s' main
Eun' biell' grande éculé' d' potache ;
Alors ell' se mé' à l'ouvrache,
Et n' le laich' pus là de l' journé ;
Et quand ch'est un jour de marqué,
J' cour' aussi vit' qu'un q'vâ d' Caniouche (*)
Fair' mes p'tit's provision' à Louche ; (**)
Bien kerqué, je r'vien' à m' mason
Faire eun' *tasse de consolation !*
Ch'est pour cha qu'on m' traite Cath'laine...
Mais cheull' raison n' me fait point d' peine,

(*) Ancien équarrisseur.
(**) La Housse, marché aux légumes.

Et j' continu', sans y pinser,
D' fair' min lit comme j' veux m' coucher.

Après ch' petit discours, Etienne
Etot tout au bout de s'n haleine.
I s'est assi' à côté d' mi,
Tous les femme' ont r'pris leu lari,
Et pus qu' jamai' ont fait l'aimable.
L' parrain a mis bien vit' su' l' tablé,
P'tit-salé, andoulle et gambon.
Après cheull' petit' collation,
On a canté la pironnelle.
Comm' Charlotte n'n a dit des bielles !
Et l' parrain qui n'est point manchot,
Nous a canté l' Vieux-Babeinnot, (*)
Avec un accompagn'mint d' verre...
Victoire, in balochant s' cayère,
A roucoulé l' Portrait-Charmant,
Et mi, j' leu-z-ai dit Tout-Boulant !...
Après cha, nous avons fait l' compte,
Comm' de juste, in r'tirant l' discompte.
Nous avons mis chacun vingt ronds...
Mais v'là qu'arrive un jueu d' violon,
Au moumint qu' nous s'mettîme' in route !...
Nous li-avons dit : « Buvez cheull' goutte,
Et vous nous conduirez de ch' pas,

(*) Titre d'une chanson lilloise, de Bouly, qui a eu une très-grande vogue.

In raclant l'air de GRAND'QUEVA, (*)
Autermint dit : l' March' des Tartares, (**)

    Qui n' sont barbares
    Qu'envers leurs ennemis !..

Aussitôt ch'l homm' nous a conduits
A l' mason d' CHARLOTTE *et d'* VICTOIRE.
Là, ches femm's nous ont forché d' boire
Eun' tass' de café-couronné ; (***)
Faut' de chuc, nous avons chuché
Des p'tit's tablettes d' pain d' curiche !...
Su' ch' temps-là j' leu-z-ai jué eun' niche !...
Comm' j'intindos sonner JACQUART,
A m' mason j' m'ai sauvé sans r'tard.

(*) Nom d'un mendiant qui jouait sur le violon la susdite marche d'une manière inimitable.
(**) De *Lodoïska ou les Tartares*.
(***) C'est-à-dire accompagné d'un verre de liqueurs.

LA BRADERIE.

Air de l'Habit de mon Grand'Père

ou

Suzon sortait de son village.

(Noté dans le 3° volume, page 83).

Sur un sujet vieux comme Hérode,
J' vas vous dir' des couplets nouviaux;
Quoiqu' sur un air qui n'est pas d' mode,
J'espèr' qu'i n'in s'ront point moins biaux.
 Un homm' qu'on r'nomme,
 D' Lill' jusqu'à Rome,
Sur min sujet a fai' un crain' tableau ;
 Chacun l' l'admire
 Et n' cess' de dire :
Qu' ch'est un fameux lapin que l' pèr' WATTEAU ! (*)

(*) Nous devons à Louis Watteau, qui fut professeur de dessin à notre école communale, deux tableaux : *La Procession de Lille* et *la Braderie*. Ces toiles ont un mérite incontestable : celui de perpétuer le souvenir de deux fêtes locales.

Sans vous nommer m' canchon, du reste,
Vous sarez d' chin que j' veux parler,
Quand vous allez m'intind' crier :
Vite à l' Brad'rie ! Au reste !!! (bis).

Awi, j' veux vous canter L' BRAD'RIE !
Lille, ch' jour-là, n'est qu'un marqué,
Car tous cheuss' qui ont des vieus'rie,
S' dépêch't'nt à s'in débarrasser ;
  Les pauv's, les riches,
  Vind'tent des q'miches,
Bonnets, gilliets, mantiaux, cauche' et sorlets ;
  Capiaux, capotes,
  Écourcheux, bottes,
Et, pour mieux dir', tous séquois bien bradés.
 Les païsans sont les plus lestes,
 A fair' leus approvisionn'mints,
 Quand il' intind'nt crier ches gins :
Vite à l' Braderie ! Au reste !!! (bis).

Les Lillo' ont l' goût du commerce.
(Ch'est eun' séquoi qu' tout l' mond' sait bien).
Il arot biau pleuvoir à l' verse,
Qu' pou l' Brad'ri' cha n' frot presque rien.
  J'ai vu des filles
  Vind' des guénilles
Qui, l' velle incor, étott'nt au Mont-de-Piété ;

Et ches sossottes,
N'n acater d's autes,
Et du mêm' jour aller les ringager...
Au coin d'eun' ru', l' graingnard MODESTE,
In moutrant s' femme et ses infants,
Criot d' bon cœur à les passants :
Vite à l' Brad'rie ! Au reste !!!

On fait des farce' à pouffer d' rire,
Quand on rincontre un vrai paour :
In v'là un qui vient sans mot dire,
Un farceux va li dir' bonjour :
— Ch'est vous Nicole ?
Ah ! su' m' parole,
Je n' pinsos point d' vous rincontrer m'n ami...
D'un air tout bête,
Ch' pacoul le r'vette.
Et l'aut' li dit : « Nicol' quemint va-t-i ? »
— Mais... cha va intre l' ziste et l' zeste,
(Répond ch' brave homm' de païsan).
On li donne un grand *renfonc'ment*...
Vite à l' Brad'rie ! Au reste !!!

Incore in train d' rir' de ch'l affaire,
Du coin de l' ru' des Banséliers, (*)

(*) La **rue** des Manneliers est encore communément appelée rue des *Banséliers*, du mot local *banse*, pour manne, grand panier.

J' vos v'nir des homme', et puis, derrière,
Des femm's, des fill's, des marmouzets.
  A leus paroles,
  Leus airs si drôles,
J' vos qu'i s'agit là d'un drôl' de séquoi.
  J'accoste Ignace,
  Mais, l' grand bonnasse,
M' dit tout bêt'mint : J' ris sans savoir pourquoi.
 Je r'marque alors un homme in veste,
 Et j' vos qu'on avot su' sin dos,
 Avec du blanc, marqué ches mots :
 Vite à l' Brad'rie ! Au reste !!!

Pour queq's sou' on a des défroques,
D' quoi s' fair' des drôl's d'accoutermints,
Ch' n'est point brillant, car ch' n'est qu' des loques,
Mais ch'est tout d' mêm' des déguis'mints.
  Pour faire l' rince,
  On s' mé' in prince,
Ni pus ni moins qu'si ch'étot l' carneval ;
  Des dintellières
  S' mett'nt in bergères,
Et, l' long de l' ville, i faittent baccanal.
 Ch'est à qui f'ra l' pus drôl' de geste,
 Avec sin costume à tassiaux ;
 Ch'est à ch' ti qui crîra l' pus haut :
 Vite à l' Brad'rie ! Au reste !!!

Ah! mon Dieu, qu'elle est drôl' cheull' fiête !
Mais pour faire eun' parell' canchon,
Je n' vous l' cach' point, vraimint, je r'grette
D' n'avoir point l'esprit d' BRUL'-MASON.
  Ch' Lillo' habile,
  Qui n'n a fait mille,
Ch'est comme un sort, i n'a point fait cheull'-là.
  Mais, faut' de l' sienne,
  J' vous offre l' mienne,
L' pus biell' des fille' n' donn' que chin qu'elle a.
Si m' canchon fait l'effet d'eun' peste,
Si vous s' sauvé' in l' l'intindant,
Vous n'arez qu'à l' vinde in criant :
Vite à l' Brad'rie ! Au reste !!!

LE FAUX CONSCRIT.

PASQUILLE LYRIQUE.

Air : Guernadier, que tu m'affliges

(Noté. — N° 8.)

MADELEINE.

Ch'est vrai, chin qu'on vient de m' dire ?
On t'as pris pour êt' soldat ?...

DODOPHE.

Awi, m' fill', ch'est point pour rire,
I faudra que j' te laich' là.

MADELEINE.

Ah ! vraimint, m' pein' n'est point p'tite,
Perde un amoureux si biau,
  J'aim' mieux l' tombeau !
Adieu, p'tit Dodophe, j' te quitte
Pour aller m' jéter dins l'iau !

DODOPHE, la retenant par la jupe.

Quoi-ch' te di'? ah! malheureusse,
Te veux donc t' déshonorer?
On dira qu' t'éto' eun' gueusse,
Qui n'avot point l' cœur d'ouvrer!
Avant tros mos te s'ras mère,
Pins' que te tue in mêm' temps
    Tin pauvre infant....
I faut qu' t'euch' bien peur de l' misère,
Pour aller noyer tin *sang!*

MADELEINE. -

T'as raison, j'éto' eun' lache,
Mais j' sins qu' du sang n'est point d' l'iau;
Pou l' norir j' prindrai corache,
J'irai à loque', à tassiaux.
Mais te sais qu'eun' dintellière
A besoin d'ouvrer gramint,
    Poŭr peu d'argint;
Et quand un infant n'a point d' père,
L' pauverieu n' li donne rien.

DODOPHE.

Avec du corach', Mad'leine,
Sos sûr' que t'in sortiras.
T'n amoureux pou' t' tirer d' peine,
D' sin côté aussi t'aid'ra.
Je n' me norirai que d' soupes,

J' vindrai l' pain d'amonition
  Qu' donne l' nation ;
Et puis, j' t'invoirai tous mes doupes,
Pou nipper no' p'tit garchon.

MADELEINE.

Cha s'ra eun' aut' pair' de manches,
Dodophe, quand te s'ras parti ;
Nous n'irons pus les dimanches,
Danser au Grand-Saint-Esprit. (*)

DODOPHE.

Nous n'irons pu boir' nos pintes,
Pour nous *d'viser au patard,*
  Il est trop tard !...

MADELEINE.

Et nous n'irons pus, l' jour des chintes, (**)
Au fourbou tirer l' Canard !

(*) Enseigne d'un cabaret où l'on danse habituellement.

(**) Autrefois, le jour des Cendres, des ouvriers, hommes et femmes, revêtus des costumes qu'ils portaient la veille dans leurs promenades du Mardi-Gras, ou au bal, se rendaient, bras dessus, bras dessous et en chantant, dans les cabarets de nos faubourgs. Là, les yeux bandés, armés d'un grand sabre, ils se livraient, à tour de rôle, au singulier plaisir de chercher à mettre à mort un pauvre canard attaché par les pattes à une corde. Des objets de ménage, tels que cafetière, couverts, plats d'étain, etc., étaient décernés aux plus adroits.

L'application de la loi Grammont n'a pas fait disparaître immédiatement cette coutume. Pendant quelques années encore, on s'est résigné à opérer sur un canard préalablement occis ; mais les émotions, sans doute, n'étant plus assez vives, on a fini par y renoncer.

DODOPHE.

Paur mi m' souv'nir de t' figure,
J' vas l' fair' piquer (*) su' min bras.
  (Madeleine frissonne et s'écrie : *Jésus-Maria !*)
N'eus point peur, ch'est eun' blessure,
Mad'lein', qui n' fait point grand ma.

MADELEINE.

Mi, pour conserver t' souv'nance,
J'ai tin portrai' in couleur,
  Ch'est min bonheur ;
Et pour m'assurer de t' constance,
A l' vierge j' donn'rai un *cœur*. (**)

DODOPHE.

Sos sûr' que j' te s'rai fidèle
Autant qu' min p'tit quien Azor ;
D'ailleurs, n'y-a point d' femm' si bielle,
D'puis Lill' jusqu'à Mogador.
J' défieros l' pus biell' négresse
De m' fair' canger d'opinion,
  A t'n intintion,
Et j' laich'ros là même eun' richesse,
Pour eun' mèche d' tin chignon.

MADELEINE.

Nous avîm's douze an' à peine,

(*) Tatouer.
(**) Un cœur d'argent, cela va sans dire.

Et nous s' connéchîm's déjà ;

DODOPHE, lui donnant le bras.

Nous allîm's comm' Jean et Jeanne,
Nous pourmener pa' d'zous l' bras.

MADELEINE.

Est-ch' que te t' rappell', Dodophe,
D' cheull' fos qu'étan' in batiau,
    J'ai queu dins l'iau ?...
J' donn'ros mes cloque' et m' baie de stoffe,
Pour un jour de ch' temps si biau !

DODOPHE, gaîment et donnant un mouchoir à Madeleine.

Ch'est assez, tiens, bonn' Mad'leine,
Ressu' tes yeux et n' brais pus.
Quand i m'a vu, l' capitaine
A trouvé qu' j'étos crochu ;
Pour t'essayer, biell' maîtresse,
Ch' petit tour j'ai inventé,
    J' sus continté.

MADELEINE, feignant la surprise et retenant une envie d'éternuer.

Eh ! quoi... t'as douté... de m' tendresse?...
(Elle éternue).
At chi!...

DODOPHE.

Ch'est la vérité! (*)

MADELEINE, à Dodophe, d'un ton calin :

Ch'étot poin' un ju à rire,
Ah ! Dodoph' t'es-t-un capon !
(Elle lui donne une petite tape sur la joue)
(Au public, discrètement.)
Inter-nous, faut point li dire,
Mais j' connéchos s'n intintion.

DODOPHE au public, à demi-voix.

Aprè' eun' épreuv' parelle,
J' cros qu' me v'là bien assuré
D'ête adoré....
Mais comm' dit min cousin LETNIELLE,
I n' faut jamais trop s'y fier.

DODOPHE, à Madeleine.

Obli' ch' petit tour d'adresse
Et cess' d'avoir tin cœur gros.

MADELEINE, à Dodophe.

Je l' veux bien, mais, tiens t' promesse,

(*) Ceci rappelle une singulière croyance. Si l'on éternue pendant le cours d'une conversation, cela *prouve* que ce que l'on dit est vrai. Presque toujours, quelqu'un en fait la remarque par ces mots : *Ch'est la vérité.*

Vas q'mander l' noce à l'écot.
D' rester fill' j'étos bien lasse !

DODOPHE.

Dins huit jours nous s' marîrons,
  Et deux violons,

MADELEINE.

Un fife,

DODOPHE.

  Eun' trompette

MADELEINE.

    Et eun' basse,

ENSEMBLE.

Nous f'rons fair' des rigaudons.

Les deux amoureux s'éloignent du lieu de la scène, en se donnant le bras et en répétant ensemble ces cinq derniers vers :

D' rester { garchon j'étos lasse,
{ fill' j'étos bien lasse,
Dins huit jours nous s' marîrons,
  Et deux violons,
Un fife, eun' trompette et eun' basse,
Nous f'ront fair' des rigaudons.

UNE FEMME DISCRÈTE.

Air Bonjour, mon ami Vincent.

Noté. — N° 9.

Connaichez-vous p'tit' Mad'lon,
L' fill' d'un ancien de l' viell' garde?
Les pus grand's bavard's in r'nom,
Près d'elle n' sont qu' de l' moutarde.
Hier, sur nos voisin', ell' m'a v'nu d'viser,
D'puis les pieds qu'à l' tiête, ell' les a r'nippés..
Si j' volos, comme ell', faire l' babillarde,
Des histoir's fort drôl's, j'in diros pus d' chint.

    Mais mi, je n' dis rien,
    Jamais je n' dis rien,
    Car cha n'est point bien
    D' dir' du ma des gins.

Toinnette et Pierr'-l'Amiteux
Vont bétot s' mette in ménache.

Pierre est tell'min' amoureux,
Que ch' n'est pus d' l'amour, ch'est rache.
Mais s' maîtress' Toinnette a, dins l' temps, connu
Un biau mirliflor, qui a disparu...
Si j' volos m' mêler d' fair' manquer ch' mariache,
J' racont'ro' à Pierre eun' coss' que j' sais bien....

        Mais je n' dirai rien,
        Non, je n' dirai rien,
        Car cha n'est point bien
        D' dir' du ma des gins.

L' femm' d'un ouverier filtier,
Dins s'toilett' n'a rien qui cloche;
On sait pourtant qu' de ch' métier,
L' gain n' fait point rouler caroche...
Mais cheull' petit' femme a des si biaux yeux,
Qu'on n' peut point les vir sans n'n ête amoureux.
Avec des biaux yeux et des courtes cauches,
On dit qu' ch'est assez pour gangner du bien...

        Mais mi, je n' dis rien,
        Jamais je n' dis rien,
        Car cha n'est point bien
        D' dir' du ma des gins.

L' fill' d'un marchand d' macarons,
D'puis queq' temps s'a fait dévotte.

A l' messe, au sermon, ch' laidron
Fait tous les manièr's d'eun' sotte.
Quand ell' sait qu'on l' vette, ell' pousse un soupir.
Ell' buque s' poitrine, in guiss' de r'pintir...
On n' se dout'rot point qu'eun' parell' bigotte,
A d'jà mi' au monde un p'tit citoyen.

> Mais je n' dirai rien,
> Non, je n' dirai rien,
> Car cha n'est point bien
> D' dir' du ma des gins.

Et cheull' *faijeuss' de café*,
Qui dit l'*av'nir* des fillettes;
Pour rappéler sin *passé*,
Je n' mettros point des manchettes.
Ch' l'espèce d'sorcière, i n'y-a point vingt ans,
Étot courtisé' par nos *verts-galants;*
Craint' d'user ses pieds, din' eun' *vinaigrette*,
Ell' se faijot m'ner par un *q'va-quertien.*

> Mais je n' dirai rien,
> Non, je n' dirai rien,
> Car cha n'est point bien
> D' dir' du ma des gins.

Infin mes gins, vous l' veyez,
J'ai passé la r'vue à m' troupe.

Ch'ti qui m'a copé l' filet
N'a point volé ses six doupes.
Cheull' langue est bien bonn', mais je n' m'in sers point,
Sans cha, j'in diros jusqu'à d'main matin.
V'là m' façon d' pinser : quand j'ai maingé m' soupe,
J' laich' là l's intérêts qui n' sont point les miens...

   Je n' me mêl' de rien,
   Jamais je n' dis rien,
   Car cha n'est point bien
   D' dir' du ma des gins.

LE BROQUELET D'AUTREFOIS.

SOUVENIRS D'UNE VIEILLE DENTELLIÈRE.

Air du Bon Ménage.

(Noté. — N° 10.).

Vous volez donc que j' vous raconte,
Comme on faijot l' fiêt' du Broq'let ?
Vous allez m' dir' : « Ch'est un vieux conte,
On n' povot point tant s'amuser. »
  Ah ! vous povez bien m' croire,
  J' l'ai présinte à m' mémoire.
  Et t'nez, rien qu' d'y pinser,
    J' vodros danser.
Malheureus'mint, j' sus cloé' su' m' cayère,
A tout moumint, j' crains d' dev'nir quarterière,
  Au lieu qu'in ch' temps-là,
  Viv' comme un p'tit cat,
J' rios, j' cantos, j' faijos d's interchats !

Jeune' homme' et fillettes,
L' bon vieux temp' est passé ;
Allez, tous vos fiêtes,
N' vautt'nt point l' fiêt' du Broq'let.

On s'y pernot quinz' jours d'avanche,
Pour êt' tertou' au pus faraut ;
On ouvrot tard, fiête et dimanche,
Pour ramasser un p'tit mugot.
 Alors, les dintellières
 Povottent fair' les fières,
 I n' dépindottent point
  D'un muscadin.
Cha paraît fort, mais sans s' donner trop d' peine,
Un louis d'or, i gagnott'nt par semaine.
 Aussi, leus darons
 Berchott'nt les poupons,
Faijottent l' soup', lavott'nt les masons...

 Jeune' homme' et fillettes, etc.

On n' povot pus r'connoite l' ville,
Quand ch' biau jour éto' arrivé ;
Rue' et courette, infin tout Lille,
D' bouquets d' fleur' éto' ajoulié.
 On veyot des couronnes,
 Presque autant que d' personnes,
 Au mitan d' des cap'lets,

In écal's d'œués ;
Ch'étot l'printemps, les p'tit's fill's comm' les grandes,
D' biell's fleurs des camps, tressottent des guirlandes;
In sign' d'amitié,
L's ouveriers filtiers,
Près des *babenn's* mettott'nt des *broq'lets*.

Jeune' homme' et fillettes, etc.

On n' moucot point sin né à s' manche,
Cha n'impêchot point d'ête heureux.
Après s'avoir bien rimpli l' panche,
Les jeun's fille' et leus amoureux,
Aïant l' bonheur su' l' mine,
Partott'nt *à la badine*,
S' pourmener au fourbou,
Prop's comme un sou.
Pou l's admirer et vir leus airs bénaches,
Sur l' grand pavé, tout l' mond' leu faïjot plache ;
Eusse, in se r'vettiant,
Marchott'nt in riant,
Sautant, dansant et tout s' tortinant.

Jeune' homme' et fillettes, etc.

Au fourbou qu'on appell' Wazemmes,
Quand i s'avott'nt bien pourmenés,
Tous ches jeun's fill's, ches homm's, ches femmes,
Tout joyeux, s'in allott'nt danser

A l' *Nouvielle-Avinture.* (*)
Là, montrant leu tournure,
Il' avott'nt pus d' plaisi
Qu'au Paradis.
Et quand v'not l' nuit, ches garchons, ches fillettes,
In much'-tin-pot, allott'nt dins les gloriettes.
L' temps paraichot court,
In s' faijant l'amour,
Sans y pinser, on attrapot l' jour.

Jeune' homme' et fillettes, etc.

L'homme l' pus r'nommé pou' l' corache,
S'arot putôt cassé les bras,
Que d' sin aller r'prinde s'n ouvrache,
Avant d' noyer SAINT-NICOLAS (**).
Ch'est pourquoi qu'à l' neuvaine,
On allot, non sans peine,
Vir jeter l' joyeux saint
Din' un bassin.
Les grands, les p'tit', autour de cheull' rivière,
L' cœur tout saisi versott'nt des larmes... d' bière...

(*) Guinguette célèbre, démolie il y a quelques années.

(**) Il n'est peut-être pas inutile de rappeler qu'autrefois, pour terminer la fête du Broquelet, il était d'usage d'habiller un individu en *Saint-Nicolas*, de le promener par la ville sur une civière, ainsi que *ses trois petits garçons* accroupis dans une cuve, et de le jeter à l'eau au pont-tournant du faubourg de la Barre.

Quand l' grand saint prêchot,
Bien vite on comptot :
Eun'! deux! et *tros!!*... dins l'iau on l'jétot!...

Jeune' homme' et fillettes, etc.

SAINT-NICOLAS n'étot point biête,
Au point d'aller s' noyer tout d' bon ;
I s' contintot d' piquer eun' tiête
Et de r'venir boire un pochon....
   V'là comm' finichot l' fiête.
   Mais pour faire eun' om'lette,
   Mes bonn's gins, vous l' savez,
   On casse d's œués.
Au bout d' neuf mos, pus d'eun' fille étot mère,
On s' consolot, on n'avot point d' misère...
   Ch' malheur arrivé,
   Loin de s' désoler,
Avec plaisi on vantot l' Broq'let.

Jeune' homme' et fillettes,
L' bon vieux temp' est passé ;
   Allez, tous vos fiêtes,
N' vautt'nt point l' fiêt' du Broq'let.

LE CRIEUR DE LA VILLE.

Air du Carillonneur (Béranger).

(Noté. — N° 11.)

R'lin din din din din, derlin din din,
    Bonn's gins d' Lille,
  Acoutez l' crieu d' ville :
Tant pus qu' vous perdez, tant pus qu' jai d' gain.
R'lin din din, r'lin din din din din !

Eun' viell' dame, hier in sortant d' l'égliche,
A perdu trint' francs din' un cabas ;
Ell' promet, tell'mint qu' ch'est eun' femm' riche,
Chinq gros sous, à ch'ti qui li r'port'ra.
    R'lin din din.

Un carlin, avé l' queue in trompette,
L's orell's court's, les poils blancs, l' musiau noir,

V'là deux jour', a quitté sin pauv' maite,
Qui donn'rot qu'à s' femm' pour li l' ravoir.
    R'lin din din.

On prévient les fill's d'un *certain ache*,
Qu'un monsieu d' Pari' est arrivé,
Sin métier ch'est former des mariaches,
Il espèr' d'êt' bien achalandé.
    R'lin din din.

Un garchon, qui volot fair' bombance,
L' *Lundi d' Paque'* a porté s' monte in plan ;
Comme il a perdu le *r'connaissance*,
Q'on li rinde, i s'ra bien r'connaissant !
    R'lin din din.

Eun' jeun' fill', connu' su' l' nom d' *Prudence*,
(I paraît qu'é' n'-n a point toudi' eu)
A perdu, l'aut' jour, allan' à l' danse,
Un n' séquoi... qu'on ne r'trouv' jamais pus.
    R'lin din din.

J' vous annonc', qu'un vieux célibataire
D'mande eun' fill' qui vodrot bien l' servir ;
Il ajout', qu'i li servira d' père...
Si l' besoin queq' jour s'in fait sintir.
    R'lin din din.

Un monsieu, m' fait publier que s' femme,
De s' mason sans rien dire a parti ;
Ch'ti qui trouv' cheull' demitan d'li-même,
S' récompins'... s'ra de l' garder pour li.
    R'lin din din.

J' cros qu' ch'est tout, j'ai pus rien à vous dire,
J'ai toudis gangné min p'tit écu ;
Min métier m' donn' queq'fo' invi' d' rire,
J' s'ros perdu, si n'y-avot rien d' perdu !
R'lin din din din din, derlin din din,
        Bonn's gins d' Lille,
    Acoutez l' crieu d' ville :
Tant pus qu' vous perdez, tant pus qu' j'ai d' gain.
R'lin din din, r'lin din din din din.

LE RETOUR DE NICAISE.

PASQUILLE.

J' va' essayer d' vous raconter
L'histoir' de deux grands comarades :

Un jour, au fourbou des Malades (*),
L'un des deux, Jérôm'-L'inrheumé,
S' pourmenot pou s' désinnuyer.
Mais v'là qu'i vien' à rincontrer
Nicaiss', qui avot disparu,
Pour aller on n' savot poin' u.
In s'apercevant tous les deux,
I s' vettent d'abord dins les yeux,
Comm' des gins qui volott'nt se r'mette.
Les v'là su' l' mitan du pavé,
A se r'vettier, à se r'louquer,
Mais n'osant jamais s'accoster.
Jérôm', pourtant, défait s' casquette,

(*) La rue d'Arras, encore habituellement appelée faubourg de Paris, portait, avant la Révolution, le nom de faubourg des Malades. Bon nombre de Lillois ne la désignent pas encore autrement.

Et dit : « Monsieu, vous m'escus'rez
Si, tout d' but in blanc, j' vous arrête,

J' vodros savoir, si vous n'èt's point
L' parint d'un drol' de capuchin,
Qu'on appélot su' Saint-Sauveur,
Du biau nom d' Nicaiss'-rit-d' bon-cœur ? »
L'aut' répond : « Quoi ! ch'est ti, Jérôme !!...»
Au mêm' moumint, j' vos ches deux hommes,
Pus d' vingt fos, su' l' mitan du q'min,
S' bajer, se r'bajer comm' du pain,
Sans s'inquiéter si chaq' passant,
Surpris d' vir leus drol's de manières,
Dit bien haut, tout in s'in allant :
« Ch'est deux écappés d'Armintières ! » (*)
Après s'avoir bien bajotés,
J' les vo' intrer au cabaret,
Uch' que j' les suis, vous povez m' croire.
D'abord, i faittent v'nir à boire,
Et puis, Nicaiss' di' à s'n ami :
« Allons Jérôm', assi'-te ichi,
Et raconte t' petite histoire.
I do' avoir bien du canj'mint,
D'puis qu' j'ai quitté tous ches brav's gins ? »
Jérôm' répond : « Fais-me un plaisi,
Ch'est de m' dire l' tienne avant avant mi. »
Infin, Nicaiss' queminche ainsi :

(*) On sait qu'il y a dans cette ville un asile d'aliénés.

« Te sais qu' quand nous ouvrîme' à deux,
J' faijos, comme on dit, l' manoqueux.
Hors d'heures, j' donnos des l'çons d' danse,
Et cha m'a fait fair' connaissance,
Avecque l' fill' d'un faijeu de tours,
Qui étot biell' comm' les amours !
Sitôt qu' j'ai connu cheull' fillette,
L'amour a tout déringé m' tiête...
Eun' fos, j' li fais m' déclaration.
Elle accepte, à cheull' condition,
Qu' je n' li s'rai jamai' infidèle,
Et que s'rai faijeu d' tours comme elle ;
Que j' f'rai l'hercul', qu'avec mes dins,
J' lev'rai des poiss's pésant tros chints,
Qu' jour et nuit, j'exerc'rai m'n adresse,
A juer du piston, de l' gross'-caisse,
Du trombonn', du tambour-musca,
De l' clarinette, *ec cætera ;*
Infin, que j' s'rai l' payass' de l' troupe,
Qu'à l' parade j' maing'rai d' l'étoupe,
Et qu' j'in f'rai sortir des rubans
.Bleus, violets, verts, rouche' et blancs...
Ch'étot bien difficile à m'n ache,
Mais m'n amour étot pir' qu'un' rache.
Ell' m'arot dit d' créver mes yeux,
Que j' n'aros fait *ni eun', ni deux !*
J'ai donc parti avec cheull' fille.
Forch' d'apprinde j' sus v'nu habile,

A tel point, qu' dins pus d'un indrot,
On m' récomparo' à Zozo !... (*)
Dins tous les pays, comme à Lille,
On aim' les gins qui vienn'tent lon.
Aussi nous avîm's trouvé bon,
De m' fair' passer dins pus d'eun' ville,
Pour un sauvache apprivoisé.
S'i m'arrivot queq'fos d' parler,
J'avos soin de l' faire in platiau ;
N' compernant point ch' langach' nouviau,
On pinsot que j' parlos sauvache !...
Un jour, pourtant, faijant m'n ouvrache,
Un Lillos, m'aïan' intindu,
Cri' bien fort : « Eh ! balou !... connu !!...
T'es-t-un sauvach' de l'ru' d' Vingnette !
Tin pèr' condui' eun' vinaigrette.
Rappell'-te un peu du bal PÉTRIN (**),
Uch' que te faijos l' muscadin !... »
Aie-iaé ! qu' je m' dis, me v'là r'connu,
Thérésa !... j' su' un homm' perdu !...
« Non, répond m' buquant su' l'épaule,
Ch'ti qui m'avot dit ches paroles :
Foi d' Lillos, j' te jure et t' promets,

(*) Zozo, habile acrobate, qui laissa à Lille des souvenirs que ses successeurs n'ont pas encore effacés.

(**) La maison sise rue Sainte-Catherine, où ont été successivement établies l'*Association lilloise* et la *Société Saint-Joseph*, était encore occupée, il y a une trentaine d'années, par un sieur Pétrin, qui y a donné longtemps des bals publics très-fréquentés.

Que j' gard'rai pour mi chin que j' sais.
Ainsi, n'eus point peur, fais t'n ouvrache,
Pour tous ches gins, so' un sauvache,
Si t't à l'heur' j' t'ai parlé ainsi,
Ch'est qu'intindant tin paroli,
M' taire a été pus fort que mi... »
Là d'sus, i m' donne eun' poigni' d' main...
Et un rindez-vous pou' l' lind'main.

Ch'l histoir' là s'a passée à Rome.
Hélas! à ch't heur', min pauv' Jérôme,
J' n'ai pu qu'à t' parler d' min chagrin,
Car, l'aut' jour, in sautant l' tremplin,
Thérésa s'a cassé les reins....
Me v'là veuf, et je r'vien' à Lille,
Uch' que j'ai connu cheull' biell' fille,
Dign' d'ête un infant d' Saint-Sauveur.
Ichi, l' souv'nanc' de m' biell' maîtresse,
M' consol'ra, j'espèr', dins m' vieillesse... »

Ch'l histoire avot fait créver l' cœur,
A tous les gins du cabaret.
« Ch'est bien dit, s'écri' l'Inrheumé!
Tin chagrin, quoique il est bien grand,
Viendra p'tit, j'in prinds la mitan.
Mais te l'sais, chacun à ses peines...
J' m'in vas donc t' raconter les miennes,
Et nous s'consol'rons tous les deux :

« I n'y-ara six an' à l' Fiêt'-Dieu,
Qu' pour min malheur j'ai pri' eun' femme.
Dir' pourquoi, j'in sais point mi-même... »

Il allot continuer su' ch' ton,
Quand eun' femm', furieuss' comme un lion,
Intre in criant : « J' t'attrap' capon !...
Te m' démépriss' comme eun' chavatte !
Va-z-y !... dis qu' je n' su' qu'eune implate
Qui n' sait ni buer, ni récurer ;
Qu' tous les jours te t' passes d' déinner ;
Dis donc aussi que j' sus méchante !...
In étant fill', j'étos charmante !
Te m' dijos : « Soyez sûre, allez,
Que j' f'rai tous vos p'tit's volontés. »
Mais tout d'puis l' temps qu' nous sommes mariés,
T'as jolimint cangé d' langache ;
Min pus biau nom, ch'est viell' ganache !
Et pindant que j' reste à m' mason,
A soingner m' fille et min garchon.
Monsieu prind tout's sort's d'amus'mints,
Comm' s'il avot des grands moyens.
Tout d' puis l'*Pont-Rouch'* jusqu'au *Qu'va-Blanc*, (*)
Il est connu comme l' loup-blanc ;
S'il intre din' un cabaret,
On dit : « V'là Jérôm'-l'Inrheumé,

(*) Ensoignes de deux cabarets situés aux extrémités de la ville.

Nous allons bien nous amuser !...
Ches gins veutt'nt rire, i n' vont point r'quère,
Si, à s' mason, s' femme est à braire ;
I n' saitt'nt point, veyant ch' libertin,
Qu'alfos ses infants n'ont point d' pain...
J' peux dir' que j' passe eun' bielle épreufe,
Un jour, si j'ai bonheur d'êt' veufe,
Bien malin ch'ti qui m'attrap'ra !... »
Jérôm' dit : « Est-ch' que te t' tairas ?..,
Vilain' claqu', méchant' toutoulle !
Si j' mi mets, j' te donne eun' tatoulle !!
Comme cha te n' viendras peut-êt' pus,
Au cabaret, m' cacher-perdu. »

TOINETTE.

« Tais-toi, tais-toi, pauve huberlu !...
Dis donc, d'puis quand qu' t'as tant d'hardiesse ?
Apprinds que j' s'rai dame et maîtresse,
A m' mason comme au cabaret.
Si ch' n'est pour cha, pourquoi s' marier ?..
Jérôm' s'apprête à riposter,
Mais Nicasss' li r'command' de s' taire ;
I veu', avant tout, raccorder,
Deux gins si bien faits pour s'aimer...
« Allons, qui dit, v'nez donc p'tit' mère,
Avec nous boire un verr' de bière.
Tantôt faudra signer la prix,

Vaut-i point mieux l' signer tout d' suite,
In vous donnant eun' poigni' d' main?

TOINETTE, d'un ton moqueur.

« Vous m'avez l'air d'un bon humain.
Mais les homm's ch'est des hypocrites,
In pinsant l' ma, i dittent l' bien,
Et l' pus bon d'euss' tertous n' vaut rien ! »
« Ah ! Toinette, li répond Nicaisse,
Vous m' parleris pus sérieus'mint,
Si vous connéchis min tourmint :
N'y-a queq's jours j'ai perdu m' Théresse,
(Eun' femm' que j'aimos comme un dieu,)
A min métier j'ai dit adieu,
Car je n' le faijos qu' pour li plaire.
Me v'là donc tout seu, n' sachant qu' faire...
Par bonheur, je r'trouve un ami
Pou m' consoler !... mais s' femm' rit d' mi ! »
« Allons ch'est tout, répond Toinnette,
J'ai bon cœur, si j'ai méchant' tiête,
Quand j' rincont' quequ'un d' malheureux,
Pou l' soulager j' fais chin que j' peux.
In attindant d' trouver d' l'ouvrache,
Vous allez v'nir dins no' ménache;
Si vous s'y trouvez s'lon vo' d'sir,
On n' vous dira point d'in sortir.
Comm' nous, vous vivré' à lurlure;

Comm' dins ch' monde i n'y-a rien qui dure,
Vos peine' aront vit' disparu,
Vous porez r'mett' les fier' au fu ! »

L' bon Jérôme, in intindant s' femme,
Dir' chin qui désirot li-même,
Tout joyeux, li saute à sin cou,
In l' l'appélant min p'tit chouchou !
Et ponr finir mieux ch' raccordache,
I li donne eun' bonn' gross' babache.

Et d'puis lors, Nicaiss'-rit-d'-bon-Cœur,
Reste avec euss' su' Saint-Sauveur.

On m'a dit qu' dins ch" double ménache,
N'y-a jamais pus l' moindre brouillache.
Les deux homm's s'intind'tent si bien,
Qu'on l's appell' Saint-Roch et sin quien ;
Dins l'quartier, pus d'eun' femm' raconte
Des histoir's qu'on fait su' leu compte.
Cha n' les fait point canger d'humeur.
I s' ditt'nt : « In tout bien, tout honneur,
Heureux, vivon' à no' manière,
Et rions des cancans d' commère. »

PATRICE,

ou

RÉCIT NAÏF D'UNE JEUNE DENTELLIÈRE.

Air : Un jour Guillot trouva Lisette.

(Noté. — N° 12.)

> Il y a d'la peine à faire l'amour,
> Autant la nuit que le jour.
> (*Vieille ronde lilloise.*)

Te v'là tout surpris Mathurine,
De m' vir un air aussi contint ?
Ah va ! si j'ai l' bonheur su' l' mine,
Sos bien sûr' que ch' n'est point pou' rien.
J'ái mes raisons, j'm'in vas t' les dire,
Malgré l'amitié qu' t'as pour mi,
J'pari' bien qu' cha n' te f'ra point rire,   ⎞
T' aim'ros mieux ch' bonheur-là pour ti.   ⎠ *Bis.*

Hier, je m' pourmeno' à l' ducasse,
Avec PATRICE m'n amoureux.
Il avo' un air fin cocasse,
I n' me parlot qu'avec ses yeux !
J' li dis : « Quoi-ch' vous avez Patrice ?
Est-ch' que vous n'èt's point d' bonne humeur?
Si, qu'i m' dit, mais chin qui m' défrisse,
Ch'est qu' j'oss' point déblouquer min cœur ! } *Bis.*

Eh quoi ! jeune homm', ch'est-i possible
D'avoir peur d'eun' fillett' comm' mi !
J' pinsos qu' quand on étot sensible,
On n'étot point moins dégourdi !
J'veux qu' tout à ch't heur' vo' cœur s' déblouque,
Dit's chin qu' vous pinsez, vite et dru...
N'ayez point peur, malgré m' grand' bouque,
Je n' vous aval'rai point tout cru ! } *Bis.*

Intindant cha, min biau Patrice
Vient tout rouch' comm' du vermillon,
I m' paie eun' kœuche d' pain-n-épice,
Et m' conduit derrière un hayon.
Là, serrant mes mains dins les siennes,
I m' dit ches mots, tout en trannant :
« Croyez-m' si vous volez, Cath'leine,
J'ai pus d'amour qu'un éléphant ! » } *Bis.*

« Quand j' sus tout près d' vous, si j' vous r'louque,
Min sang boût, et puis... j' viens tout frod,
J' sins min pauv' cœur qui fait « *douq' douque*,
Comme l' queu' de l' cloq' du Beffro !
Ch'l amour, qui fait que j'pousse m'plainte,
M'a r'tiré jusqu'à l'appétit,
Et chaq' nuit, tell'mint qu'i m' tourminte, ⎫
Pus d'un' fos j' bourle in bas d' min lit. » ⎬ *Bis,*

Allez, que j'dis, mi ch'est tout d' même :
D'puis qu' l'amour m'a pris dins ses graus,
J' peux dir' qu' j' fai' eun' drôl' de femme,
Quand tout l' monde est g'lé, mi j' su' d' caud ;
Si j' pinse à vous, min cœur se r'serre,
J' perds l'esprit comme un huberlu...
L'aut' jour, j'ai poivré l'soup' de m'mère ⎫
Avec eun' demi-onch' de snu. ⎬ *Bis.*

N'y-a pu' à dire, i faut, Patrice,
Trouver un bon r'mède à no' ma.
Mi, min chagrin m' donne l' gannisse,
Et vous, vous v'nez sec comme un cat.
Si, comme on l' raconte, l' mariache
Sert d'émouquette à les amours,
Mettons nous bien vite in ménache, ⎫
Et ch' fu s'éteindra dins queq's jours. ⎬ *Bis.*

Tout cha conv'nu, Patric' m'imbrasse!...
Mais, tout près d'nous, j'intinds qu'on rit!...
De m'n amoureux, je m' débarrasse,
J' fais queq's pas... j' l'intraîne avec mi...
Ch'est qu' pindant qu' nous s' contîm's nos peines,
Des garchonnal' étottent v'nus.
Il avott'nt cousu m' baie d' futaine, ⎫
Avé s'n habit à queu' d' moru. ⎬ *Bis.*

Ch' désagrémint, te peux bien bien l' croire,
N'impêch' point min cœur d'êt' joyeux ;
Nous s'allons marier à la foire,
N'est-ch' point chin qu'on peut d'sirer d' mieux ?
Quand on est viell' fille, on s' chagrine
A r'gretter l' temps qu'on a perdu...
Putôt que d' rach'mer Saint'-Cath'rine, ⎫
J'aros consolé un bochu ! ⎬ *Bis.*

UNE SINGULIÈRE SÉPARATION. (*)

Air · On dit que je suis sans malice

(Noté. — N° 4.)

Un jour, j'ai vu deux gins d'ménache,
Qui restott'nt dins min voisinache,
Pour eun' bêtisse s' séparer.
Ch'est l'histoir' que j' vas vous conter :
L' femme avot cuit comm' eun' berdoulle,
Sur un trop grand fu, s' ratatoulle.
L'homm' veyant ses puns-d'-tierr' brûlés, ⎫
Aussitôt les jette à sin nez.   ⎬ *Bis.*
                                         ⎭

Là-d'sus, cheull' femme s'mé' in rache.
Tout débarbouillant sin visache,
A s'n homme, elle dit : « Te t'souven'ras,
D' m'avoir fait tout mainger l' rata !

(*) Historique.

Te peu' aller quère eune aut' femme,
Car pour mi, j' veux de ch'moumint même,
Eun' séparation, d' corp' et d' bien... ⎱ *Bis.*
Cha s'ra vit' fait, nous n'avons rien ! ⎰

« Rien, n'est point l' mot, li répond Pierre,
Nous avons : des jatte', eun' soupière,
Des pots, des verre', un marabout,
Caf'tièr's, cand'lers, louche et faitout.
Un lit bien garni, des assiettes,
Un poël', des cuillers, des fourchettes,
Gramint d'agobile', un buffet, ⎱ *Bis.*
Cayèr's, table et manigoguet. » ⎰

« Partageons, vivons l'un sans l'aute.
Mais j'y pins', di incor Charlotte,
I faut fair' vir à *pair ou non*,
Ch'ti des deux qui quitt'ra l' mason. »
Pierr' répond : « T' as qu'à m' laicher faire,
Te verras comm' je m' tir' d'affaire :
In collant des feull's de papier, ⎱ *Bis.*
Nous f'rons deux cambres d' no' guernier. » ⎰

V'la qui court comme un quien caniche,
Su' les murs décoller d's affiches.
I rabroutte avé s' provision,

Et fabrique l' séparation !
D' l'eun' l'aut', ches gins volant s' fair' quitte,
Ouvrott'nt tous les deu' au plus vite...
Infin, l'déménaj'mint fini,   } Bis.
I s' sont di' adieu pour toudis.

Pour ravoir sin cœur, v'là qu' Charlotte,
S' mé' in tiête d' faire eun' ribotte,
Des commère' ell' cour' inviter,
A v'nir avec ell' riboter.
Dins s' cambre, siept huit camanettes,
Vienn'tent boir' de l' bièr' par canettes,
Des p'tits verre' et puis du café...   } Bis.
Pinsez comm' Pierre avot l' nez fait !

Vous pinsez bien que ch'l homm' maronne,
D'intinde s' femme et ses camponnes.
S'amuser comm' des inragés,
A boire, à canter, à danser...
Mai', on dirot que l' diable l' pousse,
D'aller près de s' femm' mett' les *pouces*...
I traverse *l' séparation*,   } Bis.
Et s'in va s' mett' de l' réunion !

Charlotte a pardonné à s'n homme,
In li dijant : « Te vos, v'là comme

J' m'y prindrai, chaq' fos qu' te vodras
M' faire aller comme un p'tit dada.
T' as poin' affaire à-n-eun' femm'lette,
Te l' vos, j' sus-t-un-bon q'vâ d' trompette.
A ch't heur', min fieu, qu' t'es-t-adverti, ⎱ *Bis.*
Imbrassons-nous, tout est fini. ⎰

Infin, tout d'puis ch' temps-là, Charlotte,
Dins sin ménach' port' les culottes,
Quand ell' se permet de qu'mander,
Sin pauvre homm' n'oss' pus roborer.
Quand i r'vient d'avoir fait ribotte,
Il est sûr d'avoir eun' calotte.
Croirez-vous qu'i r'chot ch' pousse-avant, ⎱ *Bis.*
In brayant tout comme un infant? ⎰

LA CONSOLATRICE DES CŒURS DÉSOLÉS

Air : Quand les bœufs vont deux à deux.

(Noté dans le 3ᵉ volume, page 155.)

Volez-vous savoir du nouviau ?
   V'nez dins l' ru' du Bourdiau.
Pou l' prix d'eun' demi-poté.
J' bats les carte' et j' fais l' café.

Vous sarez que j' sus l' parinte
   Du grand MALO (*), qui, sans crainte,

(*) Si j'en crois quelques traditions, MALO avait donné son âme au diable. Celui-ci, en retour de cette complaisance, lui accordait toute sa protection. Un cabaretier refusait-il à boire ? Malo invoquait son *mauvais génie*, et le litre ne se vidait plus. L'argent manquait-il pour payer l'écot ? les poches s'emplissaient à vue d'œil, etc., etc.; à de semblables conditions, Belzébuth trouverait bien des adeptes parmi nous.

Quand je vis, à la foire, exécuter le fameux tour de la *bouteille inépuisable*, je ne pus m'empêcher de penser à Malo. Ce personnage, dont les vieilles gens de Saint-Sauveur ont gardé un effrayant souvenir, était probablement un habile physicien.

Faijot des tours de sorcier ;
Il avot, ch'l homme incroyable,
Signé des écrits du diable,
Sur feull' de papier timbré...

Volez-vous savoir du nouviau ?
   V'nez dins l' ru' du Bourdiau,
Pou' l' prix d'eun' demi-poté,
J'bats les carte' et j'fais l' café.

On m'consulte pou' l' mariache,
Pour les disputes d'ménache,
Et les tourmints des amours ;
L'opinion d' pus d'eun' commère,
Ch'est qu' si je n' sus point sorcière,
Du moins j' leu fais des biaux tours !

Volez-voue savoir du nouviau ?
   V'nez dins l' ru' du Bourdiau,
Pou' l' prix d'eun' demi-poté,
J'bats les carte' et j' fais l'café.

I faut queq'-fos que j' console,
Eun' pauv' jeun' fill' qui s'désole
D'avoir perdu s'n amoureux ;
In faijant la *réussite*,
J'li dis : « Frottez vos yeux vite,
Au lieu d'un, vous n'n arez deux. »

Volez-vous savoir du nouviau?
  V'nez dins l' ru' du Bourdiau,
Pou' l' prix d'eun' demi-poté,
J'bats les carte' et j' fais l' café.

On m'connot mêm' dins l' grand monde :
A m' mason vienn'nt à la ronde,
Des femme' in cabriolets;
A ches madam's qui saitt'nt lire,
Pour savoir chin que j' dos dire,
J' leu tir' *les vier' hors du nez*....

Volez-vous savoir du nouviau?
  V' nez dins l' ru' du Bourdieu,
Pou' l' prix d'eun' demi-poté,
J'bats les carte' et j' fais l' café.

Allez, ch'est point difficile
D' dire à-n-eun' sossotte de fille,
L' passé, l' présin' et l'av'nir.
L'av'nir, ch'est chin qu'ell' désire,
L' présint, chin qu'ell' n'oss' point dire,
L' passé, arrache un soupir...

Volez-vous savoir du nouviau?
  V'nez dins l' ru' du Bourdiau,
Pou' l'prix d'eun' demi-poté,
J'bats les carte' et j' fais l' café.

Comme j' sus faijeuss' de lettes,
J'ai pour pratiqu's, les fillettes
Qui restent dins min canton ;
I vienn'tent tertous l' dimanche.
Cha n' fait rien, j'in fais d'avanche,
I n' reste qu'à canger l' nom.

Volez-vous savoir du nouviau ?
 V'nez dins l' ru' du Bourdiau.
Pou' l' prix d'eun' demi-poté,
J' bats les carte' et j' fais l' café.

Infin, vous l' veyez, j'exerce
Avec bonheur min commerce,
Aussi j' ramass' des gros sous ;
N' sait-on point qu' ch'est l'ordinaire,
D' profiter d' sin savoir-faire,
Pour attraper les balous !

Volez-vous savoir du nouviau ?
 V'nez dins l' ru' du Bourdiau.
Pou' l' prix d'eun' demi-poté,
J' bats les carte' et j' fais l' café.

LES BONNES GINS D' SAINT-SAUVEUR.

Air de la Clef des Champs

(Noté dans le 3ᵉ volume, page 204.,

Quand on bot par trop d' bière,
L' raison nous di': adieu.
Ch'est pour cha que j' préfère,
Babiller un p'tit peu.
In d'visant, j'aime à l' croire,
Nous rest'rons d' bonne humeur.
J' vas raconter l'histoire, ⎫
Des bonn's gins d' SAINT-SAUVEUR! ⎬ *Bis.*
                                 ⎭

Chés brav's gins n' sont point riches,
Mai' il' ont l' cœur joyeux.
Ch'ti qui n'a qu'eun' quemiche,
S' di': « On n'in met point deux ! »

Il' ont raison, j' l'espère,
L'argint n' fait point l' bonheur.
I sont gais dins l' misère,
Les bonn's gins d' SAINT-SAUVEUR. } *Bis.*

Quand l'amour, dins s'n école,
Attire un biau garchon,
In deux mots, quat' paroles,
I fait s' déclaration.
I va dire à s'mamie :
« Pour tout bien, j'ai d' l'honneur!... »
Et v'là comme on s'marie,
Su' l' paroiss' SAINT-SAUVEUR. } *Bis.*

Sur eun' pauv' vieill' payasse,
Eun' femm' in couch' brayant,
Di' à Dieu : « V'nez par grâce,
M' délivrer de m'n infant!.... »
Ses voisine', à la ronde,
L' consol'tent dins s' douleur....
V'là comme i vienn't'nt au monde
Les infants d' SAINT-SAUVEUR. } *Bis.*

Dins les pus sal's courettes,
Dins les cav's, les guerniers,
Sans air, faut' de ferniêtes,

Hélas ! i sont logés.
Eun' cambre fort petite,
Log' pèr', mèr', frère et sœur...
Et v'là l' tableau d'un gîte
Des bonn's gins d' Saint-Sauveur.   } *Bis.*

Quand, vieux, l' forche les quitte,
Sans pain, sans rien, les v'là
Forchés d'aller bien vite,
Finir à l'hopita.
Prijonnier dins l'semaine (*),
Ah ! pour euss', queu crêv'-cœur !
I n' vont là qu'avec peine,
Les bonn's gins d' Saint-Sauveur.   } *Bis.*

Et quand la mor' arrive,
Avec sin noir mant'let,
Leu dire : « Allons, pou m'suive
I faut fair' sin paquet ! »
Pour ches gins, *l' grand-voyache*,
Ch'est l'espoir du bonheur....
I meurt'nt avec corache,
Les bonn's gins d' Saint-Sauveur !   } *Bis.*

(*) Autrefois, les pensionnaires de l'Hospice-Général ne pouvaient sortir que le dimanche ; depuis quelques années, ils sortent, en outre, le jeudi, mais dans l'été seulement.

Vettiez comme on s'abusse :
J'avos l' goût d' rire et j' brais.
Mes gins j' vous d'mande excusse,
Pour mes huit p'tits couplets.
Malgré sin triste ouvrache,
Applaudichez l'ɔuteur,
Et vous rindrez bénache, ⎫
Ch' pauvre infant d' Saint-Sauveur. ⎬ *Bis.*

JACQUO L' BALOU.

Air de Cadet-Roussel

(Noté. — N° 13.)

Mes amis, vous avez connu
Jacquo-l'Frisé, un biau gadru,
Qui, pour êt' aimé d'un tendron,
N'avot souvint qu'à dir' sin nom ?
M' croirez-vous si j' vous dis que s' femme
L' conduit comme un vrai Nigodème ?

 Ah! ah! de ch' grand balou,
Amis, rions, rions tertous !

Vous avez l'air de me r'vettier,
Croyant que j' veux vous in conter ?
Car vous s' rappélez ch' biau faraut,
Qui d'eun' goulé' buvo' un lot !
De s' femme, à ch't heure, il a tant d' crainte,

Qu'i n'os'rot pus boire eun' seul' pinte !

   Ah ! ah ! de ch' grand balou,
Amis, rions, rions tertous !

Faut l' vir, quand il est à s' mason,
Nettoyer les loq's, les lainn'rons ;
Ch'est li qui récure l' planquer,
Ch'est li qui fait l' soupe et l' café.
Et s' biell' madam', qui s' pantalisse,
L'appell' *dégourdi sans malice !!*

   Ah ! ah ! de ch' grand balou,
Amis, rions, rions tertous !

Mais chin qui fait jaser l' voisin,
Ch'est qu' madame r'chot sin cousin,
Six fos par jour, et que ch' luron,
Fait tout chin qu'i veut dins s' mason.
Quand l' pauv' Jacquo les imbarrasse,
On invoi' pourmener ch' bonnasse.

   Ah ! ah ! de ch' grand balou,
Amis, rions, rions tertous !

I n'y-a point pus d' tros mo' et d'mi,
Qu' cheull' femme *a été à sin lit;*
On a queusi pour êt' parrain,
Vous d'vinez qui ? l' petit cousin.

J'ai mêm' laiché dir' pa' m' commère,
Qu' l'infant r'senn' pus l' parrain que l' père.

 Ah! ah! de ch' grand balou,
Amis, rions, rions tertous!

Au fourbou, dins les jours d'été,
Quand ch' biau ménach' va s' pourmener,
Madame est au bras d' sin cousin,
Nippé comme un vrai muscadin.
Jacquo aussi jue sin p'tit rôle :
I porte l'infant su' s'n épaule !

 Ah! ah! de ch' grand balou,
Amis, rions, rions tertous!

Quand il' ont fait leu p'tit régal,
Souvint chés gins s'in von' au bal ;
Pou digérer l' portion d' gambon,
Rien n' vaut mieux qu'un p'tit rigaudon.
In attindant que l' dans' soich' faite,
Jacquo s' pourmène d'zous l' gloriette...

 Ah! ah! de ch' grand balou,
Amis, rions, rions tertous !

Et quand chés gins, forche d' danser,
Ont r'sintu l' besoin d' se r'poser,
Madam' s'in va dire à Jacquo :

« L' mioche a besoin d' fair' dodo,
In nous attindant, min bon-homme,
Avec li va-t-in faire un somme! »

   Ah! ah! de ch' grand balou,
Amis, rions, rions tertous!

Pour l'honneur des homm's de ch' pays
Si vous êt's tertous de m'n avis,
A l' saint JOSEPH, nous li jûrons
Eune aubade à l' port' de s' mason.
Des air', i n'in faut poin' eun' kerque,
Nous jûrons l' *Carillon d' Dunkerque*.

   Ah! ah! de ch' grand balou,
Mes amis, nous rirons tertous!

LA FOIRE DE LILLE.

Air : Allez-vous-en, gens de la noce.

(Noté. — N° 14.)

Par un biau jour, à l' foir' de Lille,
Aïant l'einvi' d' rire un bon cop,
J' prinds mes biell' nippe' et puis j' m'habille,
Comme un ainglais j'étos faraut.
J' m'in vas trouver m' maîtress' Victoire,
J' li dis . « Bonjour, fillett', me v'là !
    Tiens ! prinds min bras,
    Et viens de ch' pas.
Hier, t'as d'mandé qu' j'acate t' foire, ⎫
Prinds ch' pain-n-épice, et te l'l'aras. ⎬ *Bis.*
                                       ⎭

V'là qu'in arrivant su' l' Grand' Plache,
Un Turc nous dit : « *Salamalec !*
Je l' vette, et j' réponds, d'un ton mache :
« Min fieu, t'es point pus Turc que Grec ! »
I m' vette avec ses yeux tout ternes,

Et d'mand' si j' veux du *Patchouli!*....
  J' cros qui rit d' mi,
  J' li dis : « Min p'tit,
Des vessies n' sont point des lanternes, } *Bis.*
Te parle' aussi bien français qu' mi ! »

I m'avot mis tou' in colère,
J'allos li donner un rojin.
Mais v'là qu' Victoire s' mé' à braire,
In m' priant d' continuer no' q'min....
Nous parton', et dins l' ru' de l' BARRE,
L' bruit des tambours vient jusqu'à nous !
  Dou, r'lou, dou, dou!
  Dou, r'lou, dou, dou!
In intindant tout ch' tintamarre, } *Bis.*
J' viens douch' comme l' poil d'un matou.

Infin, su' cheull' bielle ESPLÉNADE,
Tout suant d' caud, nous arrivons.
On faijot justemint l' parade,
Cha n' coûte rien, nous s'arrêtons!...
Eun' femm' couché' sur eun' cayère,
Porte siept homm's su' s'n estomac!...
  Victoir' vot cha,
  Jésus, Maria ! ! !
D' frayeur, v'là qu'ell' bourle par tierre, } *Bis.*
Sans vettier si n'y-a un mat'las.

J' le r'lève, et d'vant les aut's baraques,
Nous allon' incor, nous placher.
J' vo' un *payass'* qui r'chot des claques,
Min sang boût, j' veux l' l'aller r' vinger !
On me r'tient, mais j' crie à sin *maîte :*
« Tache un peu de t' finir bandit !... »
  V'là que l' *maît'* rit,
  L' *payasse* aussi.
On m'a dit que j' n'étos qu'eun' biête... } *Bis.*
I s' donnott'nt des caress's d'ami.

On arot du ma de m' fair' croire,
Qu'eun' calott' cha peut fair' du bien.
Veyant cha, j' demande à Victoire,
De v'nir à l' baraque d'ADRIEN.
E' n' demandot point mieux cheull' fille,
Et sans pus tarder nous introns;
  Vit' nous s' plachons,
  Et nous veyons,
Ch'l escamoteu prinde eun' aiwille,
Et s'in faire eun' manche à ramon !... } *Bis.*

I fait pus d' quarant' tours d'adresse,
Et toudis d' pus biau in pus biau;
A mi, v'là-t-i point qui s'adresse?
I d'mand' que j' li prêt' min capiau,
Et, sans savoir si j' veux l' permette,

Ch' drôl' de farceux cass' des œués d'dins ;
    I les bat bien,
    In moins de rien,
Infin, il a fai' eune om'lette...
Mi, j' n'avos pus ni bouq' ni dints. } *Bis*

D' vir min capiau servant d' paële,
J' peux vous dir' que j'étos saisi ;
Je l' croyos gras comme eun' candelle,
Aussi je m' dis : « N'y-a pus d' plaisi ! »
Dins tous mes mimbres, l' colèr' trotte,
J' crie infin à ch'l escamoteu :
    « Dit's donc ! monsieu,
    Ch'est à nous deux !
Si vous n' m'in donnez poin' un aute,
J' vas vous arracher l' blanc des yeux ! » } *Bis*.

I me l' rind, vettiez comme ch'est drôle,
I n'étot point pus sal' qu'avant.
J'aros volu r'tirer m' parole,
J' m'in volos d'avoir fait ch' boucan.
Infin, mes gins, malgré ch'l histoire,
J' peux dir' que nous avons bien ri.
    Ah ! queu plaisi !
    Queu zi ! queu zi ! !
Tout d'puis ch' temps-là, m' maîtress' Victoire,
Vodrot qu'la Foir' dur'rot toudis. } *Bis*.

LE CABARET DU PÉLÉRIN.

Air : En retournant au village.

(Noté. — N° 15.)

J' viens vous offrir, homme' et femmes,
    Pour infoncer l' chagrin,
    Un r'mèd' bien sain :
Ch'est d'aller boire, à Wazemmes,
    Eun' pinte au PÉLÉRIN.

Dins ch' biau cabaret, l' Tristesse,
    Un jour volot, dit-on,
    Boire un canon ;
Mais l' cabar'tier, plein d'adresse,
    L'a fait mette au *Violon*.

J' viens vous offrir, homme' et femmes,
    Pour infoncer l' chagrin,
    Un r'mèd' bien sain :
Ch'est d'aller boire , à Wazemmes ,
    Eun' pinte au PÉLÉRIN.

Dins l'bièr' qu'on bot chaq' semaine,
　　Dins ch' séjour de bonheur,
　　　Eximpt d' douleur,
On f'rot manœuvrer sans peine,
　　Un batiau à vapeur.
J' viens vous offrir, homme' et femmes,
　　Pour infoncer l' chagrin,
　　　Un r'mèd' bien sain :
Ch'est d'aller boire, à Wazemmes,
　　Eun' pinte au PÉLÉRIN.

Ch'est là, qu' pus d'un gai compère
　　Connaichant tous les s'crets
　　　D' boire à longs traits,
Vous dira, qu' pour *noyer l' bière*,
　　Faut mainger des saurets.
J' viens vous offrir, homme' et femmes,
　　Pour infoncer l' chagrin,
　　　Un r'mèd' bien sain :
Ch'est d'aller boire, à Wazemmes,
　　Eun' pinte au PÉLÉRIN.

Et si quequ'un d' vous s'hazarde
　　A mépriser ch' pichon,
　　　N'y-a du gambon ;
Tout compris, l' pain et l' moutarde,
　　Cha coût' six sous l' portion.

J' viens vous offrir, homme' et femmes,
    Pour infoncer l' chagrin,
    Un r'mèd' bien sain :
Ch'est d'aller boire, à Wazemmes,
    Eun' pinte au Pélérin.

Aussitôt qu'il' ont l' panch' pleine,
    Les fille' et les garchons,
    Mieux qu' des pinchons,
Roucoul'tent tout d'eune haleine,
    Eun' douzain' de canchons.

J' viens vous offrir, homme' et femmes,
    Pour infoncer l' chagrin,
    Un r'mèd' bien sain :
Ch'est d'aller boire, à Wazemmes,
    Eun' pinte au Pélérin.

On vot là, dimanche' et fiêtes,
    Des p'lotons d'amoureux,
    Triste' ou joyeux,
Lancer d'zous les biell's gloriettes,
    Des soupirs langoureux.

J'viens vous offrir, homme' et femmes,
    Pour infoncer l' chagrin,
    Un r'mèd' bien sain :
Ch'est d'aller boire, à Wazemmes,
    Eun' pinte au Pélérin.

Allez-y faire eun' visite,
Malgré chin que j' vous dis,
Vous s'rez surpris;
Comm' mi, vous direz bien vite,
Qu' ch'est un vrai paradis!

J'viens vous offrir, homme' et femmes,
Pour infoncer l' chagrin,
Un r'mèd' bien sain :
Ch'est d'aller boire, à Wazemmes,
Eun' pinte au PÉLÉRIN.

LE BISTOCACHE DE SAINTE-CATHERINE.

Air : Ce n'est pas cher un Anglais pour un liard.

(Noté. — N° 16.)

Croyant que j' m'in vas vous dire eun' biell' canchon,
    Mes brav' gins j' vous vos déjà rire.
Mais j' cros bien qu'quand vous sarez m' désolation,
    Vous canj'rez vo' manièr' de vire.
    J'ai du chagrin, et, pour certain,
Si cha continu' j' viendrai sec comm' min poing.
    Ah ! j' peux l' dire, ch' capon d'Amour,
    M'a jué, l'aut' jour, un fameux tour.

Ch'est à no' dernièr' ducass' de Saint-Sauveur,
    Que d' Cath'rin', j'ai fait l' connaissance.
Et d'puis ch' moumint-là, j'ai sintu l'vrai l'bonheur,
    Ch'étot cha eun' bielle existence !...
    Tous les dimanche' et les lundis,
Nous avîme', à deux, tous les sortes d' plaisis.
    Les aut's jour', à nous les rapp'ler,
    Nous véïm's chés plaisis r'doubler.

Veyant que l' fiête d' Saint'-Cath'rine approchot,
　　J' fai' eun' petite éparnemale.
A forch' d'intasser, sou à sou, in deux mos,
　　J'avos déjà dix francs dins m' malle.
　　Avé ch'l argint, j' cour' acater,
Un biau moucho d' soie, un biau p'tit bonniquet,
　　Et je m' dijos, dins min bonheur :
« Ah ! Cath'rin' s'ra biell' comme un cœur ! »

A ch' biau bistocache, aïant mis tout m'n argint,
　　J' vas trouver Chos, min comarade,
Qui m'aime, et qui m' prête, hélas ! malheureus'mint,
　　D' quoi payer l' bouquet et l'aubade.
　　J'arrive avec tros musiciens,
A l' porte d' Cath'rine, et là, j' di' à ches gins :
　　« Attaquons ferme et juons bien !
Qu'on n' dij' point qu' ch'est l'obit des quiens !»

Au bout d'un quart d'heure, à peu près, qu'on juot,
　　Me v'là surpris qu' personne n' sorte.
D' leu côté, mes tros musiciens avott'nt so...
　　J' fais ni eun' ni deux, j' buque à l' porte.
　　J'intinds qu'on ri' à déclaquer !
Est-ch' que, par hasard, on vodrot m' faire aller ?...
　　J' fonce l' porte, et j' vo' in intrant,
　　Cath'rine avec min rimplachant ! !

Tant qu'au galuriau, qui v'not d' faire m' fonction,
S'n affaire a été bétot faite.
Je l' prinds pa' les gambe', et, sans pus d'précaution,
J' li fais faire un saut pa' l' ferniête.
A Cath'rin', qui s' délamintot,
J' moute l' bistocach' que, d'zous min bras, j' tenos,
Dijant : « Ch'est comm' cha qu' vous r'merciez
Les gins qui vienn'nt vous bistoquer ? »

Adieu, femme ingrate, adieu donc pour toudis,
Vous impoisonnez m'n existence.
Avec vo'-n-amour, Lille étot l' paradis !
Ch'est l'infer ! d'puis vo'-n-inconstance.
Dès d'main, afin d' vous oblier,
Dins l'armé' d'Afrique j' m'in vas m'ingager ;
J' verrai si les femme' à l' noirt'-piau,
N'ont poin' un caractèr' pus biau.

A chés derniers mots, v'là que j' vas pou sortir,
On m'arrêt' !... Mon Dieu, ch'est la garde !!!
L' caporal, me dit : « Si te pinse' à t'infuir,
Avecque m' bayonnett', je t' larde !...»
Je m' rinds d' bon cœur à cheull' raison,
Et, sans pus d' façon, on m'immène au *Violon*...
L' moucho d' Cath'rine et l' bonniquet,
Tout l' nuit, m'ont servi d'oriller.

Ainsi, mes brav's gins, n' faut point vous étònner,
   Si d'sus min visache est l' tristesse.
Ch'est point l' premièr' fos, qu'on vo' un blanc-bonnet,
   Mette un amoureux dins l' détresse.
      Pou' l' grand-voyach', quand j' partirai,
De l' fiêt' Saint'-Cath'rine, incor je m' souven'rai.
   L' dernier soupir sorti d' min cœur.
   S'ra pou' l' fill' qui fait min malheur.

LE VIEUX MÉNÉTRIER.

Air : On dit qu'à quinze ans.

(Noté. — N° 17.)

Fait's tertous, garchons,
Des rigodon' avec chés filles ;
Pour danser L' Ramon (*),
J' m'in va' accorder min violon.

Auterfos, dins no' ville,
J'étos r'nommé pour y juer,
Tous les pus biaux quadrilles
Les valse' et les menuets...

Fait's tertous, garchons,
Des rigodon' avec chés filles ;
Pour danser L' Ramon,
J' m'in va' accorder min violon.

(*) L' Ramon, la Gavotte, la Mat'lotte, l' Biell' Boulingère, l' Chav'-tier, l' Bon-Ménache, sont de vieilles danses dites de caractère.

L' GARCHON-GIROTTE.

Air : J' n'ai pas l'honneur de vous connaître.

(Noté. — N° 18.)

Su' l' Garchon-Girott', pus d'eun' fos,
On m'a fait des quessions fort droles.
On m'a dit : « Quoi qu' ch'est de ch' lillos,
Qui s' mêle d' dir' des fariboles ?
Est-che un balou ? Est-che un luron ?
Est-che un homm' bâti comme un aute ? »
On m'a fait pus d'eune aut' quession,
Mais j'y réponds par cheull' canchon :
V'là chin qu' ch'est que l' Garchon-Girotte. *Bis*.

Il est bien planté, quoiq' petit,
Il a même eun' fort biell' tournure,
Un p'tit nez, eun' bouq', quand ell' rit,
Qui fait deux fossett's dins s' fixure ;
Des yeux d'un gris-bleu pétiliant,

Des ch'veux frisés, couleur carotte,
Dins ses vein's coule un sang brûlant,
On dit qu' tout l' reste est à l'av'nant.
V'là l' portrait du Garchon-Girotte.   *Bis*.

Les dimanch's, quand il est r'nippé,
Pou l' vir passer, chacun s'arrête.
On admir' sin capiau r'tapé,
Qui n' couvre que l' coupé de s' tiête ;
Sin court patalon à dessins,
Li muche à pein' ses tirans d' botte,
L' pan de s' capott' ramonn' les q'mins,
Et l' tall' va qu'au mitan d' ses reins.
V'là l' toilett' du Garchon-Girotte !   *Bis*.

Quoique i saiche à peine épéler,
I compos', mais qu' Dieu li pardonne,
Car, afin d' nous fair' rigoler,
I dit : « Bouch' (*) qui rit n' bless' personne. »
S'i nous einnui' malgré ch' dicton,
On li dit bien vit' qu'i radote,
Sans nous faire eun' mousse, i répond :
« Pour chin qu'ell' vaut pernez m' canchon ! »
V'là l'esprit du Garchon-Girotte !   *Bis*.

(*) Aux personnes qui croiraient voir dans le mot *bouche*, au lieu de *bouque*, une incorrection, nous dirions que ce dicton ne se prononce jamais autrement. Il y a, du reste, plusieurs bizarreries de ce genre dans le patois de Lille.

Comm' dins ch' monde un homm' sans amours,
Fait tout l'effet d'eun' mouq' dins l'huile.
On vot ch' gros garchon tous les jours,
Conter fleurette à-n-eun' jeun' fille.
Elle est grand' comme un peuplier,
Autant qu'eun' rappe elle est pâlotte,
Cha f'ra, s'i finitt'nt pas s' marier,
Deux biell's tiêt's sur un oriller...
V'là l's amours du Garchon-Girotte ! *Bis.*

Vous vodrez peut-êt' bien savoir,
Chin qu'il a, ch' garchon si cocasse ?
In deux mots, j' vous dirai s'n avoir :
A sin lit n'y-a qu'eun' seul' payasse,
Eun' table, eun' cayère, un fourniau,
Un vieux cand'ler d' cuiv', pou s' leum'rotte,
Et su' s' quemeinnée, un tableau
R'présint' l'Imp'reur a Fontain'bleau.
V'là l' fortun' du Garchon-Girotte ! *Bis.*

Quoiq' point riche, l' joyeux cadet,
N'aïant jamais connu l'einvie,
Espèr' bien, comm' dit ch' vieux couplet,
Passer gaîmint l' fleuv' de la vie. (*)
Quand viendra l' batélier Caron,
L' surprinde au mitan d'eun' ribote,
Sus l' cocass'ri' de ch' vieux capon,
I compos'ra s' dernièr' canchon.
V'là l'espoir du Garchon-Girotte ! *Bis.*

(*) *La Philosophie*, romance de Sewrin, musique de Meissonnier.

LES MARIONNETTES.

Air : Des Petites Affiches.

(Noté. — N° 19.)

Accourez vite, infants, jeune' homm's, fillettes,
  L' premier intré
  S'ra l' mieux plaché.
V'nez tertous vir les marionnettes
Intrez vite ! nous allons q'mincher

Vous verrez l' fameux Robinson,
Comme un gueux, tout seu dins s' grande île ;
S'y bâtir eun' petit' mason,
Pour y viv' comme un pèr' tranquille.
On dit qu' tout l' temps qu'il a resté,
Dins ch'l île, i n'a point disputé.

Accourez vite, infants, jeune' homm's, fillettes,
  L' premier intré
  S'ra l' mieux plaché.

V'nez tertous vir les marionnettes,
Intrez vite! nous allons q'mincher.

Vous verrez, soyez-in certain,
L' Tentation du bon Saint-Antoine.
Vous sarez l'histoir' de ch' grand saint,
Qui n'étot point fort gras, quoiq' moinne.
Vous verrez les tours que l' démon,
Li jue ! ainsi qu'à sin cochon.

Accourez vite, infants, jeune' homm's, fillettes,
   L' premier intré
   S'ra l' mieux plaché.
V'nez tertous vir les marionnettes,
Intrez vite ! nous allons q'mincher.

Eun' biell' pièche qu' nous juon' incor,
Ch'est *Joseph vindu par ses frères,*
De ch' garchon vous plaindrez bien l' sort,
Si vous n'avez rien d' mieu' à faire :
Ses frèr's, pou s'in débarrasser,
Un jour l'ont vindu su' l' marqué.

Accourez vite, infants, jeune' homm's, fillettes,
   L' premier intré
   S'ra l' mieux plaché.
V'nez tertous vir les marionnettes,
Intrez vite! nous allons q'mincher.

Ch' pauv' Joseph, un jeune homm' si bon,
Comme esclave est m'né in Egype.
Là, l' Miniss' du roi Pharaon,
Veut l' nommer *Grand alleumeu d' pipe*.
Mais s' femm', qui n' cessot de l' vettier,
A mieux qu' cha volot l' l'employer.

Accourez vite, infants, jeune' homm's, fillettes,
    L' premier intré
    S'ra l' mieux plaché.
V'nez tertous vir les marionnettes,
Intrez vite ! nous allons q'mincher.

Un biau jour, Madam' PUTIPHAR
Veut forcher Joseph d'êt' aimable,
Mais ch' jeune homm', honnête et sans fard,
Dit brav'mint qu'i n' s'ra point coupable.
Cheull' femm' qui souffrot jour et nuit,
N'obtient rien, qu'un bout de s'n habit.

Accourez vite, infants, jeune' homm's, fillettes,
    L' premier intré
    S'ra l' mieux plaché..
V'nez tertous vir les marionnettes,
Intrez vite ! nous allons q'mincher.

Cheull' femme, honteuss' d'un tel affront,
Di' à s'n homm' d'un air in colère :

« J' viens d'avoir eun' déclaration,
D' tin Joseph, que t'aim' comme un frère. »
Quoi ! répond Monsieu Putiphar :
« Ch' marmouzet volot... ah ! gaillard ! »

Accourez vite, infants, jeune' homm's, fillettes,
   L' premier intré
   S'ra l' mieux plaché.
V'nez tertous vir les marionnettes,
Intrez vite! nous allons q'mincher.

On conduit Joseph in prijon...
V'là pourtant l' caractèr' d'eun' femme :
Quand elle aim', ch'est un p'tit mouton,
Ch'est un tigre, quand elle a d' l' haine...
Volez-vous connoitt' un démon ?
V'nez vir eun' fos l' mienne à m' mason.

Accourez vite, infants, jeune' homm's, fillettes,
   L' premier intré
   S'ra l' mieux plaché.
V'nez tertous vir les marionnettes,
Intrez vite! nous allons q'mincher.

Tout vous dir', cha s'rot par trop long,
De ch' jeune homm', là, q'minche l' misère...
Intrez vit', cha n' coût' qu'un d'mi-rond,

Pour si peu, j' vous f'rai rire et braire....
Si vous n'avez point pris d' mouchos,
Vous s' ressuré' avec vos dogts.

Accourez vite, infants, jeune' homm's, fillettes,
   L' premier intré
    S'ra l' mieux plaché.
V'nez tertous vir les marionnettes,
Intrez vite! nous allons q'mincher.

LA BIÈRE.

Air : Allons trotte, trotte, Javotte.

(Noté. — N° 20.)

Vous d'mandez que j' cante eun' canchon ?
J' vas vous in dire eun' de m' façon.
J'arai, j' cros, l' bonheur de vous plaire,
    In cantant l' bonn' bière.
    In tout cas, j' l'espère,
    Si vous volez *chiffler*,
    Cha n' s'ra rien qu'min sujet.

      Ah ! dins l' bière,
      On obli' s' misère !
      Buvons donc
    De ch' bon jus d'houblon !

Et l' sujet que j' viens d' queusir là,
Est un bon r'mède à pus d'un ma.
Qu'un garchon allant vir s' maîtresse,

Trouv' près d' cheull' tigresse,
Un homm' qu'elle caresse.
I n'a qu'à boire un lot,
Il l'obliera bétôt.
 Ah! dins, etc.

L' pus bielle iau finit pa' s' troubler :
Qu'un homme et s' femm' vienn't'nt à s' brouiller.
Si l'homm' di' à s' femm' qui maronne :
 « Allons, viell' daronne,
 Viens chucher eun' pronne ! »
 Point deux minute' après,
 I s'ront raccomodés !
  Ah ! dins, etc.

Un homme écravinté d'ouvrer,
In rintrant, n'a point d' quoi souper ;
Au lieu d' trouver s' femme à l'ouvrache,
 Il apprind qu' cheull' lache,
 A, dins l' voisinache,
 Tout l' jour, camanété...
 Le v'là tout attristé !
  Mais, dins l' bière, etc.

On a bien souvint critiqué,
Nos marchandes d' rue' et d' marqué,

Pa'c' qu'on les vot boir' leu canette,
 Et dev'nir pompette...
 Ch'est triste, et j' le r'grette,
 Mais, d' chés femmes, l' bon cœur,
 Fait pardonner ch'l éreur.

  Ah! dins l' bière, etc.

Qu'à Lille arrive un prijonnier,
Qu'eun' de chés femm's vienne à passer,
Aussitôt, sans qu' personn' commande,
 Ell' tind s' main, et d'mande
 Eun' petite aumande,
 Répétan' à chacun :
 « N'est-ch' point l'infant d' quéqu'un?... »

  Ah! dins l' bière, etc.

Si nous veyons tant d' cabarets,
Tant d' cafés, tant d'estaminets,
Ch'est qu' dins ch' monde on a tant d' misère,
 Tant d'occasion d' braire,
 De s' mette in colère,
 Au soir comme au matin,
 Contre l' méchant destin,

  Et qu' dins l' bière,
  On obli' s' misère...
  Buvons donc
  De ch' bon jus d'houblon !

SOUVENIR DE DUNKERQUE.

PREMIER TRAIN DE PLAISIR

(28 juillet 1850.)

Air nouveau de l'auteur.

(Noté. — N° 21.)

Pour Dunkerque, un biau matin,
Des Lillos quitt'nt leu bonn' ville.
Tout joyeux, à pus d'un mille,
Brav'mint sont montés dins l' train.
Tout l' temps qu'a duré ch' voyache,
I riott'nt à cœur ouvert ;
On veyot su' chaqu' visache,
L' désir d'aller vir la mer.

Ah ! je m' souven'rai toudis,
De ch' biau voyache à Dunkerque,
Ah ! je m' souven'rai toudis,
De ch' voyache in train d' plaisi.

Nous arrivons! et sans r'tard,
Sans même boire eun' petit' goutte,
Nous s' mettons bien vite in route,
Pour vir l'estatu' d' JEAN-BART,
J'intinds dir' qu'elle est bien faite,
Qu'ell' vaut deux fos sin poiss' d'or!...
Mais pour mi, j' cros bien que l'tiête
N'a poin' été fait' pou l' corps...

Ah! je m' souven'rai toudis,
De ch' biau voyache à Dunkerque,
Ah! je m' souven'rai toudis,
De ch' voyache in train d' plaisi.

Mais comm' nous n'étim's point là,
Rien qu' pour critiquer ch'l ouvrache,
Nous allons vir su' l' rivache,
Cheull' mer qui fait du flafla.
Le v'là! elle approche, ell' gronde...
Mon Dieu ch'est-i fini d' nous?...
D'admiration, d'vant tout ch' monde,
J'étos près de m' mette à g'noux!

Ah! je m' souven'rai toudis,
De ch' biau voyache à Dunkerque,
Ah! je m' souven'rai toudis,
De ch' voyache in train d' plaisi.

Pourtan', à forch' de l' vettier,
Avec elle on s'apprivoisse,
A tel point qu' pus d'eun' lilloisse
S' déguisse et s'in va nager.
Ah! l' costume d' chés mamzelles,
N' me paraît point biau, lon d' là.
Cheuss' qui vodront paraît' bielles,
Jamais n' se nipp'ront comm' cha.

Ah! je m' souven'rai toudis,
De ch' biau voyache à Dunkerque,
Ah! je m' souven'rai toudis,
De ch' voyache in train d' plaisi.

Din' un batiau à vapeur,
Nous avons fait eun' prom'nade,
Sans pinser qu' cha rind malade,
Et qu'on peut morir de peur.
Sans craint' du danger, on parte!
A pus d'un chint dins ch' batiau,
Nous avons, comme au ju d' cartes,
Mis du *cœur* su' du *carreau*,

Ah! je m' souven'rai toudis,
De ch' biau voyache à Dunkerque,
Ah! je m' souven'rai toudis,
De ch' voyache in train d' plaisi.

Afin d' connoit' de ch' pays,
Eun' guinguett' qu'on dijot bielle,
Nous parton' eun' ribambelle
D' Lillos des pus dégourdis.
Et nous conv'nons, coût' qui coûte,
Qu' nous finirons l' fiête au bal,
Pour tacher d' mette in déroute
Tous les cœurs de ROSENDAEL! (*)

Ah! je m' souven'rai toudis,
De ch' biau voyache à Dunkerque,
Ah! je m' souven'rai toudis,
De ch' voyache in train d' plaisi.

Pour mi, je n' veux point mintir,
Appernez qu'eun' Dunkerquoisse,
M'a jué un tour de sournoisse,
Et qu'elle a ri d' mes soupirs.
Au moumint d' partir à Lille,
J' li d'mande un souv'nir de cœur...
Croirez-vous qu' cheull' drol' de fille
A mis dins m' main un chou-fleur!...

Ah! je m' souven'rai toudis,
De ch' biau voyache à Dunkerque,
Ah! je m' souven'rai toudis,
De ch' voyache in train d' plaisi.

(*) Faubourg de Dunkerque où l'on cultive beaucoup le chou-fleur. Par suite, nos marchandes de choux-fleurs en ambulance appellent les clients par ce cri : *Rosendael ! Rosendael !*

L'HOMME MARIÉ,

ou

CONSEILS AUX CÉLIBATAIRES.

Air de la légère,
ou de
Commissaire, commissaire. (Béranger.)

(Noté dans le 3ᵉ volume, page 24.)

Ah ! j'inrache,
Ah ! j'inrache,
L' diable est v'nu dins min ménache ;
Ah ! j'inrache,
A vo' plache,
Gai luron,
J' rest'ros garchon.

Ros', quand j' li faijos l'amour,
Ètot biell' comme eune imache,
Elle nettoyot sin visache
Avec du *parfait-amour ;*

Mais, d' puis ch' temps, ch'est poin' eun' craque,
Aussi moll' que l' fier est dur,
Elle est dev'nu' tell'mint claque,
Qu'on peut l' coller conte l' mur.

  Ah ! j'inrache,
  Ah ! j'inrache,
L' diable est v'nu dins min ménache ;
  Ah ! j'inrache,
  A vo' plache,
  Gai luron,
  J' rest'ros garchon.

T'nez, ch'est si vrai, que l'auter jour
Disputan' avé s' voisine,
Ell' li dit : « T'es-t-eun' coquine ! »
Mais l'aut' li répond tout court :
« Et ti, t'es-t-eun' sal' berdoule,
Cha s'vot bien su' t'n habill'mint,
Qui conserve de l' bedoule
Du dernier bombardemint. »

  Ah ! j'inrache,
  Ah ! j'inrache,
L' diable est v'nu dins min ménache ;
  Ah ! j'inrache,
  A vo' plache,
  Gai luron,
  J' rest'ros garchon.

Quand elle est à sin coussin,
J' cros qu'ell' va fair' rouche et rache.
J' li sers sin morciau d' fromache,
Sin lait-battu et sin pain.
Mais s'il arrive eun' commère,
Crac ! ell' plant' là sin dint'lé,
Pou' d'viser eune heure intière,
Tout in buvant du café.

   Ah ! j'inrache,
   Ah ! j'inrache,
L' diable est v'nu dins min ménache ;
   Ah ! j'inrache,
   A vo' plache,
   Gai luron,
  J' rest'ros garchon.

Quand ell' veut fair' du fricot,
N'y-a d' quoi rir' de s'n infilure ;
Elle us'rot tros quart'rons d' burre,
Pou faire un tout p'ti' hoch'-pot.
Si j' veux de l' soupe, elle m'in donne,
Mais, Dieu merci, j' n'in veux pus,
Car elle est toudis si bonne,
Qu' min caniche a r'nonché d'sus.

   Ah ! j'inrache,
   Ah ! j'inrache,
L' diable est v'nu dins min ménache ;

Ah ! j'inrache,
A vo' plache,
Gai luron,
J' rest'ros garchon.

Jugez si ch'est régalant
D'avoir eun' tell' ménagère,
Qui, pour augminter m' misère,
Tous les ans, m' donne un infant.
Comm' j'avos juste l' douzaine,
D'in rester là, j' prios Dieu,
Mai', au bout d' neuf mo' à peine,
N' s'a-t-ell' poin' accouché deux !!!

Ah ! j'inrache,
Ah ! j'inrache,
L' diable est v'nu dins min ménache ;
Ah ! j'inrache,
A vo' plache,
Gai luron,
J' rest'ros garchon.

Et l' pus triste incor pour mi,
Ch'est qu'ell' n'est point bonn' mérotte ;
I faut que j' les immaillotte,
Que j' leu faich' leu lait-bouli !...
Il arriv' queq'fos qu' je r'grette,

Quand j'intinds m's infants crier,
D' n'avoir poin' eun' petit' tête
A leu donner à chucher.

  Ah ! j'inrache,
  Ah ! j'inrache,
L' diable est v'nu dins min ménache ;
  Ah ! j'inrache,
  A vo' plache,
  Gai luron,
  J' rest'ros garchon.

Au soir, quand j'intre à m' mason,
Lassé d'avoir fait m'n ouvrache,
I faut qu' je r'double d' corache,
Pou' bercher mes p'tits poupons.
Bonn's gins, plaingné' un brave homme,
Qui donne à ses pauv's infants,
Quand i veut dormir un somme,
Pour eun' pair' de sous d' *dormant !*

  Ah ! j'inrache,
  Ah ! j'inrache,
L' diable est v'nu dins min ménache ;
  Ah ! j'inrache,
  A vo' plache,
  Gai luron,
  J' rest'ros garchon.

J'espèr' que vous profit'rez
D' chés p'tits consels-là, jeune' hommes ;
Soyez-in bien sûrs, v'là comme
On arringe l's homm's mariés.
Si vous in faite' à vo' tiête,
Sans t'nir compte d' mes avis,
Un jour, dins l' misèr', peut-ête,
Vous répét'rez chin que j' dis :

   Ah ! j'inrache,
   Ah ! j'inrache,
L' diable est v'nu dins min ménache ;
   Ah ! j'inrache,
   A vo' plache,
   Gai luron,
  J' rest'ros garchon.

HISTOIRE D'UN BIAU GARCHON.

1849.

Air : V'là c' que c'est qu' d'aller au bois

(Noté. — N° 22.)

Ch'est par un biau jour de printemps,
Qu' je m' dis : « Garchon, pour passer l' temps,
Fais bien vit' des canchons nouvielles,
 Les tienn's vienn'tent vielles,
 Tach' d'in fair' des bielles. »
Tout aussitôt, j' prinds min crayon,
J'écris : l'Histoir' d'un biau garchon.

Eun' pauv' femm' venot d' s'accoucher,
D'un infant, biau comme l' solei.
On r'merci' Dieu de l' délivrance,
 In dijant : Queull' chance !

Les gins d' l'assistance,
Imbrass't'nt à mort che p'tit poupon...
V'là chin qu' ch'est d'êt' biau garchon.

A douze ans, ch' petit marmouzet,
Étot v'nu un infant bradé ;
I donnot des claque' à sin frère,
   I n' le faijot qu' braire,
   Et pourtant, leu mère,
A ch' capenoul donnot raison...
V'là chin qu' ch'est d'êt' biau garchon.

Avec un visach' comme l' sien,
Près des femme' on réussit bien :
I fait connaissance d' Liquette,
   A cheull' jeun' fillette,
   I fait tourner l' tiête,
Et puis, li jue un pied d' cochon...
V'là chin qu' ch'est d'êt' biau garchon.

Quand sin tour est v'nu d'êt' conscrit,
On pinsot tertous qui s'rot pris.
Mais v'là-t-i point qu'eun' biell' comtesse,
   A li s'intéresse,
   Elle imploie s'n adresse...
Infin, elle obtient s'n eximption...
V'là chin qu' ch'est d'êt biau garchon.

L'amour l'invoie à l'hôpita
Pour aller r'faire s'n estomac :
Eun' bonn' sœur, veyant sin visache,
    Li dit d' prind' corache,
    Et qu' s'il est bien sache,
Ell' li donn'ra double ration...
Vl'à chin qu' ch'est d'êt' biau garchon.

Grâce à tous les soins qu'on a d' li,
Au bout d'un mos, le v'là r'guéri.
Sans nul besoin d' fouiller dins s' poche,
    Chaq' jour, in caroche,
    Il est in bamboche,
Avec les gins du pus haut ton...
V'là chin qu' ch'est d'êt' biau garchon.

Un jour il est pris d'ambition,
D'avoir des écu' à foison.
I fait connaissanc' d'eun' viell' femme.
    I li dit qu'il l'aime,
    D'un amour estrême...
Pour ses doupe' i mari' ch' laidron.
V'là chin qu' ch'est d'êt' biau garchon.

Infin ch'l homme (on peut l' vir incor),
Est tell'mint rich', qu'i roul' sur l'or.

Il a servante et domestique,
　　Des q'vâ', eun' bourique,
　　Et, sans l' République,
I s'rot sûr'mint nommé baron...
V'là chin qu' ch'est d'êt' biau garchon.

L'ALMANACH DÉ POCHÊ.

Air : J'ons un Curé patriote.

(Noté dans le 3ᵉ volume, page 71.)

Comme l' jour de l'an approche,
L'aut' fos j'ai payé deux ronds,
Un rongneu d'armena d' poche,
Qui fait des grand's prédictions.
A croir' tout chin qu'i nous dit,
L'univers s'ra l' Paradis...
  Armena,
   On t' croira,
On t' croira... quand on l' verra,   *Bis.*
Sans cha personne n' te croira !

A vingt ans, chaqu' fill' s'ra sache,
Et rira des amoureux,
Qui vodront qu'avant l' mariache,
Eun' maîtress' les rinde heureux !...

I n' jûrons, chés brav's infants,
Qu'à *l' bleuss'-main* et à *volants*...
  Armena,
   On t' croira,   } *Bis.*
On t' croira... quand on l' verra,
Sans cha personne n' te croira !

Homm's mariés, queull' bonne affaire !
D' bon cœur frottez-vous les mains,
Tout chés gueux d' célibataires,
N' chass'ront pus sur vos terrains...
Aucun' femm' marié' n' donn'ra,
Dos cops d' canif dins l' contrat.
  Armena,
   On t' croira,   } *Bis.*
On t' croira... quand on l' verra,
Sans cha personne n' te croira !

I prédit que l' comédie
Va r'monter su' sin bâton ;
Vaud'vill', Drame et Tragédie,
Aront d' l'esprit tout du long ;
Chés pièch's vont nous divertir,
Et n' nous f'ront jamais rougir.
  Armena,
   On t' croira,   } *Bis.*
On t' croira... quand on l' verra,
Sans cha personne n' te croira !

On n' verra pus des viell's filles,
Sott's d'amour pour des morveux ;
On n' verra pus des jeun's drilles,
Pour queq' sous, marier... du vieux.
Quand deux gins vodront s' marier,
I qu'minch'ront par s'adorer !
  Armena,
   On t' croira,
On t' croira... quand on l' verra,
Sans cha personne n' te croira ! } *Bis.*

Infin, ch' petit rongneu d' life,
In dit tant, tant, tant, tant, tant,
Que j' veux bien r'chevoir eun' gife,
Si j'in racont' la mitan...
Mais comm' les pus grands minteux,
Ch'est cheuss' qui babill'tent l' mieux,
  Armena,
   On t' croira,
On t' croira... quand on l' verra,
Sans cha personne n' te croira ! } *Bis.*

LE LUNDI DE PAQUES.

Air du vaudeville de Mme Scarron.
ou
Balayons, nettoyons.

(Noté. — N° 23.)

Queu plaisi !
Mes amis,
Qu' j'ai eu l' Lundi d' Paques !
D'un jour aussi biau,
Je m' souven'rai dins min luijeau !
A l'amour,
Dins ch' biau jour,
J'ai tourné casaque,
Et d'puis, vrai Lillos,
Mi, j' tiens pour tous les saints qu'on bot !

J'avos laiché là m' maîtresse,
Qui m' traitot comme un balou,
Mais, d' jour in jour, dins m' tristesse,
J' venos sec comme un coucou,

J'apprinds qu' Noter-Dam'-de-Grace,
Faijos des mirac's fort biaux!...
　Pour qu'ell' cesse m' disgrâce,
　J'y cour' à *pieds-décaux !*

　　Queu plaisi ! etc.

Un grand bâton su' m'n épaule,
Avec mes sorlé' au bout,
J' marchos bien, mais, su' m' parole,
J' n'avanchos point vit' du tout.
Tous les gins, su' min passache,
S'arrêtant pour me r'vettier,
　Dijott'nt d'un air bénache :
　« C'est un sot déloyé ! ! »

　　Queu plaisi ! etc.

J'arriv' tout près d' cheull' bonn' Vierge,
J'li di' eun' prière à g'noux.
N' povant point payer un cierge,
J' brûle eun' candell' de deux sous.
J' vous assure qu' cheull' candelle,
A fai' un mirac' bien grand !..
　J'oblios m'n infidèle,
　Qu'ell' n'étot qu'à mitan !

　　Queu plaisi ! etc.

Contint d' min pélérinache,
Qui mettot min cœur in r'pos,

Au cabaret, dins l' villache,
J'intre, à fin d' boire un bon cop.
Pour mi, surprisse agréable !
N'y-avot là tous mes chochons,
   Assi' autour d'eun' table,
     Qui cantott'nt des canchons !
        Queu plaisi ! etc.

Avec tous chés gais compères,
J' dis les r'frains les pus joyeux ;
Pindant près d' deux heure' intières,
Nous buvons comm' des sonneux.
Pour continuer cheull' biell' fiête,
Et tout l' jour nous amuser,
   V'là que j' leu mets dins l' tiête,
   Qu'i faut *courir à-z-œués !*
        Queu plaisi ! etc.

J' leu-z-ai gagé tros canettes,
Qu'avec mes deux yeux baindés,
J'iros fair' faire eun' om'lette
Au cabaret du DOUANIER (*).
Mais, j' vous l' dis, ch'est point tout chuque,
D' marcher les deux yeux serrés...
   J' cros qu' m'y v'là !... vite j' buque...
   A l' mason du curé !!!
        Queu plaisi ! etc.

(*) Enseigne d'un cabaret du village de Loos.

J' éto' honteux comm' galafe,
D'avoir si mal réussi,
Mais v'là qu' Séraphin-Gross'-Gafe,
Parie, et fait tout comm' mi !
J' pai' d' bon cœur mes tros canettes,
Et Séraphin trint'-six œués...
 Comme, in maingeant ch'l om'lette,
 Nous s' avons ponrléqués ! !

  Queu plaisi ! etc.

Nous avons fini cheull' fiête
D'eun' bien singulièr' façon :
On m'avot, sur eun' brouette,
Rétindu comme un cochon ;
In avant, et par derrière,
J'étos conduit pa' d's homm's soûls,
 Quand nous bourlîm's par tierre,
 On nous criot : « Cass'-Cou !!!

  Queu plaisi !
  Mes amis,
 Qu' j'ai eu l' Lundi d' Paques !
  D'un jour aussi biau,
Je m' souven'rai dins min luijeau !
  A l'amour,
  Dins ch' biau jour,
 J'ai tourné casaque,
 Et d' puis, vrai Lillos,
Mi j' tiens pour tous les saints qu'on bot !

SOUVENIRS (*)

DU GRRRAND DOCTEUR BOLIS.

Air de la Complainte de Saint-Roch.

(Noté. — N° 24.)

1844.

Fille' et garchon' acoutez cheull' complainte,
Homm's, femme', infans, v'nez tertous mes bonn's gins,
Vite, accourez, surtout n'ayez point d' crainte,
Car pour m'intinde on n'a point b'soin d'argint.
    N' soyez point chiche,
    Comme à l'égliche,
    Pou l' pèr' Bolis,
    Dite' eun' prièr' gratis,

(*) Sur la foi de quelques journaux de cette ville qui annoncèrent la mort de Bolis, l'auteur, bien qu'il habitât alors en Normandie, crut devoir faire l'oraison funèbre du dentiste philanthrope qui avait, pendant vingt ans, arraché des milliers de molaires sur nos places publiques. Mais quel fut son étonnement, lorsque, trois ans plus tard, il le revit revêtu de son humble carrick vert, à cinq collets formant gradins, exerçant *sa petite métier* sur le marché de la Chapelle-Saint-Denis, près Paris, et mêlant à son *boniment* ordinaire des allusions sur son prétendu décès. Rien n'était plus curieux que d'entendre cet Italien essayant de baragouiner un couplet en patois de Lille, devant un auditoire de Parisiens.

I m' senne incore l' vir su' l' Petit'Plache ;
Là, tous les jour', étalant s'n établi.
Et sin vieux sing' qui vettiot, d'un air mache,
Tous les béards qui s' mettott'nt trop près d' li
   Sur eun' viell' table,
   Ch'l homme estimable,
   On n' peut point mieux,
   Arraingeot ses otieux.

On l' connécho' à trint' lieue' à la ronde,
N'étant point fier comm' tous chés aut's savants.
Car i dijot : « *L' soleil luit pou' tout l' monde*, (*)
« Pou' l' riche et l' pauv', pou' les p'tits comm' les grands. »
   Quittant s' boutique,
   Quand eun' pratique,
   Sans pus d' façon,
   L'eimm'not boire un canon.

I m'a fait rire, un jour, faijant s'n ouvrache.
Ch'est, j' m'in souviens, par un jour de marqué.
Un païsan vient d'mander qu'i li-arrache
Un dint du d'vant, qui l' l'impêchot d' mainger.
   Crac ! Il apprête,
   Eun' grand' serpette ;
   Au lieu d'un dint,
   I r'tire un oche d' quien !

(*) Cette sentence était, en effet, inscrite sur l'enseigne en forme de bannière que le père Bolis avait coutume de planter à l'endroit où il s'installait.

Quand i l' volot, qui faijot bien l' payasse,
Avec sin sing', qui n' manquot point d'esprit :
« *Ma p'tit' garçonn' fé-tou qué ché té rasse ?* » (*)
Avecque s'tiêt' : « Mi je l' veux bien, qui dit. »
        Eun' sàl' serviette
        Intourot s' tiête,
        Ch'est du carbon
        Qui li servot d' savon.

Mais dins ch'l homme-là, chin qui n'y-avot d' cocasse,
Ch'est qu'i faijot tous les sortes d' métiers,
Avec un q'vâ, i courot chaqu' ducasse,
Li faijant fair' pus d'un tour de sorciers.
        Sans s' fair' de l' bile,
        Cheull' biêt' subtile,
        Buquant du pied,
        Dijot : « V'là l'heur' qu'il est. »

Bolis est mort !... Malheur épouvintable !
Un homm' comm' li, s'in aller vir COULON !... (**)
Ah! pour mi j' cros qu' tant que l' mond' s'ra durable,
On in parl'ra comme d' NAPOLÉON !...
        Si j'étos l' maire,
        Vrai, j' li f'ros faire
        Un monumint,
        Comm' pou' l' bombardemint !

(*) Mon petit garçon, veux-tu que je te rase ?
(**) Ancien fossoyeur dont le nom est resté populaire.

LE BONHEUR DU MÉNAGE.

Air : Dans les Gardes Françaises.

(Noté. — N° 25.)

Si vous parlez d' mariache,
Gramint d' gins vous diront :
Ch'est un pur esclavache,
Mi ch' n'est point m'n opinion.
A chés parol's fort sottes,
Je n' cesse d' répéter :
« N'in dégoûtez point l's autes,
Laichez-les in goûter.

Ch'est triste d' rester fille,
Comme d' rester garchon.
Sans parints, sans famille,
N'y-a point d' consolation.
Aussi quand, du mariache,
Jérome a v'nu m' parler,
J'ai dit d'un air bénache :
J'ai point l' cœur de r'fuser.

Nous étîm's lon d'êt' riches,
Puisqu'à m'n homm', pou' s' parchon,
S' mère a donné tros q'miches,
Eun' veste, un patalon!...
Mi, min port de mariache,
N'étot point d' chés pus lourds :
Un lit, queq's berdelaches,
Et du ling' pour huit jours

Filtier et dintellière,
N'y-a point là d' quoi briller.
Eh ben ! pourtant, l' misère
N' peut jamais nous brouiller.
Quand d' l'argint de l' semaine,
N'y-a pus même un patard,
Pour oblier no' peine,
Nous dormons timpe et tard.

Quand un n' séquoi m' continte,
Jérôme est continté ;
Mais s'i vot qu' je m' tourminte,
Il est tout tourminté.
A ses marques d' tendresse,
J' li donne in r'mercîmint,
Eun' babache, eun' caresse,
Et le v'là tout contint !

Dimanche et jours de fiête,
J' mets mes pus biaux atours ;
Jérôm', fier de s' Colette,
Li fait fair' ses quinz' tours.
I mérit' bien que j' l'aime,
Car jamais ch' franc cadet,
N'a dit, qu' pourmener s' femme,
Ch'étot trainner l' boulet.

V'là l' tableau d' min ménache.
Est-i bien malheureux ?
Si ch'est cha d' l'esclavache,
Les esclav's sont heureux.
A cheuss'-là qui n' f'ront qu' rire
Du récit d' min bonheur,
Je n' me gên'rai point d' dire :
« Vous ète ' un tas d' sans cœur ! »

L' GARCHON GIROTTE

AU CONCOURS DE TROYES.

((1er juin 1851.)

Air : Non, je n' veux pas prendre nn mari.

(Noté. — N° 26.)

Pour aller faire un long voyache,
Les Crick-Mouls part'nt un jour au soir,
Et l' cœur joyeux, rempli d' corache,
De r'venir vainqueur' ont l'espoir.
Mi, qui n'avo', in fait d' musique,
Qu'intindu des combats d' pinchons,
J' craingnos qu' pour éviter eun' trique,
On n' crèv' les yeux d' chés bons garchons.

 Ah ! de ch' biau voyache on parl'ra, ⎫
 Aussi longtemps qu' no' vill' dur'ra. ⎬ *(Bis)*

Aussitôt j' leu fais ch'l ermontrance,
Mais ches lurons ritt'nt à min nez,
M' dijant: « T'as point gramint d' vaillance,
Garchon-Girott' t'es-t-un bénêt!
Un vrai Lillos dot, coût' qui coûte,
Courir uch' que l' l'appell' l'honneur... »
Intindant cha, j' m'ai mi' in route,
Pour fair' vir que j'avos du cœur!

 Ah! de ch' biau voyache on parl'ra, ⎱ *(Bis)*
 Aussi longtemps qu' no' vill' dur'ra. ⎰

Avec l'aid' de l' locomotife,
L' lind'main, su' l' soir, nous arrivons.
J'aros volu r'chevoir eun' gife,
Qui m'arot r'condui' à m' meson.
Les canteux d' la Belgique et d' Lille,
Tout aussi bien qu' les Parisiens,
Tout comm' des quiens, dins des jus d' quilles,
Sont r'chus, d'abord, par les Troyens!

 Ah! de ch' biau voyache on parl'ra, ⎱ *(Bis)*
 Aussi longtemps qu' no' vill' dur'ra. ⎰

Nous pernant pou' d's infants d' giberne,
Ches biaux Troyens nous ont conduits
Au P'tit-Séminaire (viell' caserne,
Qu'habitt'nt des rat' et des soris)...
Nous allons dormir, mais les puches,
Les plat's punache', *ec cætera*...

Tout aussitôt sortent d' leus muches,
Et vienn'tent danser la polka !...

    Ah ! de ch' biau voyache on parl'ra, ⎱
    Aussi longtemps qu' no' vill' dur'ra. ⎰ *(Bis)*

N'y-avot point moyen d' faire un somme,
Pinsez si ch'étot régalant.
Aussi, tout l' nuit, pus d'un jeune homme
A livré un combat sanglant !...
Et l' lind'main, quand eun' vieill' portière
Est v'nu' ramoner l' sâl' guernier,
Des morts qu'elle a trouvé par tierre,
Elle a rimpli pus d'un painnier !

    Ah ! de ch' biau voyache on parl'ra, ⎱
    Aussi longtemps qu' no' vill' dur'ra. ⎰ *(Bis)*

Laichons là chés Troyens bien vite,
Acoutons les INFANTS D' PARIS (*) ;
Comm' des diables dins l'iau bénite,
I se r'mutt'nt pour euss' gangner l' prix !...
Mais v'là que d'zous l' tot de l' grand' salle (**)
Eun' ribambell' de p'tits mouchons,
Pou' leu disputer cheull' médalle,

(*) Nom d'une société chorale.

(**) Le concours a eu lieu dans une halle au blé, où un grand nombre d'oiseaux ont leurs nids. On s'y prit de toutes les façons pour les en faire déguerpir, mais ils s'obstinèrent à y rester et à mêler leur *doux* ramage aux accords plus ou moins mélodieux des différentes sociétés chorales.

Roucoul't'nt avec euss' leus canchons.

> Ah! de ch' biau voyache on parl'ra, ⎫
> Aussi longtemps qu' no' vill' dur'ra. ⎭ *(Bis)*

Ch'est à no' tour! chacun défile,
Sans fair' gramint d' salamalecs...
In intindant les INFANTS D' LILLE,
Tous les ojeaux ont tait leus biecs.
V'là l' pus comiq' dins tout ch'l histoire :
L' public, et l' jury sens-sus-d'sous,
Quand nous avons canté VICTOIRE !! (*)
Il' l'ont tertous crié comm' nous.

> Ah! de ch' biau voyache on parl'ra, ⎫
> Aussi longtemps qu' no' vill' dur'ra. ⎭ *(Bis)*

Après cheull' victoir' sans parelle,
Rimporté' su' les Parisiens,
Les garchons d' NOTRE-DAM' DE L' TRELLE (**)
Ont quitté chés fameux Troyens...
M'n opinion su' leu caractère,
J' vas vous l' dire ichi sans façon :
I sont gais... comme un vrai chim'tière,
Polis... comm' des gardiens d' prijon...

> Ah! de ch' biau voyache on parl'ra, ⎫
> Aussi longtemps qu'no' vill' dur'ra. ⎭ *(Bis)*

(*) Le final du chœur : *Le Combat naval*, commence par ce vers : « Victoire! ô France, ô ma patrie !
(**) On sait que la ville de Lille est placée sous le patronage de Notre-Dame de la Treille.

Infin au r'tour de ch' grand voyache,
In r'veyant l' cloquer d' Saint-Sauveur,
Chacun d' ches Crick-Mouls, fin bénache,
A sintu palpiter sin cœur...
Pou les r'mercier d' leu savoir-faire,
On les a couverts de bouquets...
In attindant l' prochaine affaire,
I se r'pos'ront su' leus lauriers...

 Ah! de ch' biau voyache on parl'ra, } *(Bis)*
 Aussi longtemps qu' no' vill' dur'ra.

CASSE-BRAS

OU

UNE CONDUITE A L'HOSPICE - GÉNÉRAL.

PASQUILLE.

1849.

Min vieux pèr', qu'on appell' Cass'-Bras,
Pa'c' qu'il a fait vingt ans la guerre,
Est intré, hier, à l'hôpita,
Condui' in grand pontificat,
Par ses infants, s' femme et sin frère.
Et tell'mint qu'il étot aimé,
Tout l' voisinache est arrivé
Pour li faire un p'tit pas d' conduite...

J' m'in vas tacher d' vous dir' bien vite,
Comm' cheull' triste histoir' s'a passé.

D'abord, les parints, les amis,
D'un bon matin, s' sont réunis,

Et, comm' vous l' pinsez bien, l' caf'tière
A jué un grand rôl' dins ch'l affaire ;
La goutt', même, a bien fonctionné,
Et pus d'eun' tiête allot tourner.
Mais, min pèr', qui n' perd point la boule,
Dit, veyant cha : « V'là qu' cha s'imbroulle !
Si cha continu' de ch' train-là,
J'irai tout seu à l'hôpita ;
A moins d' fair' venir eun' carrette,
Pou' nous m'ner tertous... Adieu l' fiête ! »
Aussitôt, comme un général,
Du dépar' i donne l' signal.
I prind s' viell' femme à la badine,
Mi, j'impoinne l' bras de m' cousine,
Et tous les aute' in faitt'nt autant.
Nous v'là partis tambour battant !
Quand j' dis tambour, ch'est pour mi rire.
A des gins d' Lille, i n' faut point dire
Qu'on s' sert, dins parelle occasion,
D'eun' viell' quartelette au savon.
Un d' mes cousins, donc, ouvrot l' marche,
In nous rabottan' eun' biell' marche,
Et ch'étot l' bochu Philidor,
Qui nous servot d' tambour-major !
V'là qu' pou' nous vir dins tous chés rues,
Les fill's, les femm's sont accourues.
Les homm's, qui sont curieu' aussi,
Nous vettiott'nt d'un air ahuri,

In s' dijant comm' cha l'un à l'aute :
« Ch'est-i des gins qui faitt'nt ribote ?
U bien, s'in vont-i pou' planter
Incore un abre d' liberté ?
— Non, dijot l'aut', ch'est un mariache !
— Bah ! ch'est d's ouveriers sans ouvrache !
— Ch'est peut-ête eun' révolution ?...
— Mais non, puisqu'i n'ont point d' bâton ! »
Su' vingt raisons, n'y-avot personne,
In état d'mette l' nez su' l' bonne,
Et nous aute', in cantan' un r'frain,
Nous allîm's no' bon-homm' de q'min.

Nous arrivons su' l' Grand-Rivache.
Comm' tout partout, on nous fait plache,
Et min pèr' nous proposs' d'intrer,
Au cabaret du *Cat-Barré.* (*)
Comm' vous l' pinsez, tout l' baind' joyeusse,
Trouve l' proposition fameusse.
Nous intron', et pindant tout ch' temps,
L' tambour, à l' port', batto' *au champ !*...

— Allons ! qu'on nous apporte à boire !
Di', in intrant, min frèr' Grégoire,
Et nous verrons si l' bièr' d'ichi,
Vaut bien cheull' qu'on bot su' l' Réduit.

(*) Ce cabaret, très-ancien, a pour enseigne un chat (cat) placé derrière une barre.

Autour des table' on a pris plache.
Gramint d' gins faitt'nt gramint d'ouvrache,
Nous n'avîm's point parlé tros mots,
Qu'on avot d'jà vidié six lots.
Alors, min père, qui a d' l'école,
Mont' su' l' banc, et dit chés paroles :

« Mes amis, mes voisins, mes infants,
D'vous quitter, j' cros qui va êt' temps.
Vous savez qu' pour un homm' sinsible,
Ch'est un moumint dur et pénible,
Que d' s'in aller à l' *Grand'-Mason !*
Pour mi, j' cros que j' va' in prijon.
Hélas ! après trinte ans d' mariache,
Avoir eu toudis tant d' corache
Pour él'ver m' famille honnêt'mint,
V'là l' biell' récompins' qui m'attind !
On n' dira point qu' j'avos du vice !
D'puis que j' sus rintré du service,
Din' eun' seul' fabriqu' j'ai ouvré,
Et pourtant, j'ai eu min livret.
On a dit : « Cass'-Bras vient sur ache,
I n'est pus subtile à l'ouvrache,
Par un jeune homm' faut l' rimplacher.
Et v'là comm' je m' trouv' su' l' pavé !...
Ah ! si dins l' temps qu' j'étos soldat
Un boulet m'avot cassé l' bras,
J'aros dro' à les *Invalides !*

Comm' mes gamb's sont incor solides,
Là, du moins, j'aros l' contint'mint
De m' donner, chaq' jour, du mouv'mint;
D' m'in aller, avé m' viell' gra-mère,
Bras d'sus et bras d'zous, à l' barrière,
Boir' du vin, quand j'aros queq's sous !
Bah ! ch' bonheur n'est point fait pour nous !... »

— « Quoi-ch' que vous dit's ? li répond m' mère,
Est-ch' possible ?... un Lillos préfère
A de l' bière eun' boutell' de vin ?
Ah ! Cass'-Bras, vous n'y pinsez point !
Vous n'pinsez point qu'in quittant Lille,
Faudrot laicher là vo' famille !
Quitter Lill' !... pour min pésant d'or,
J' n'y consintiros mie incor.
On m'offriros pour norriture,
Tout purain chuc, de l' confiture,
Dn lapin, et mêm' du gambon,
Que j' diro' incor : Non, non, non !

Allons, Cass'-Bras, pernez corache,
A l'hôpita vous r'ten'rez m' plache.
On est heureux, pa' l' temps qui court,
D'avoir un gît' pour ses vieux jours,
Un oriller pou' r'poser s' tiête,
Du cras lait-battu dins s'n assiette,
Queq' fos de l' viande, et puis du pain,
Juste pou' n' point morir de faim. »

In intindant cha , min vieux père ,
Comme un infant , s'a mi' à braire ,
Et puis , in ressuant ses yeux ,
Il a dit : « J' vous remerci' grand Dieu !
Vous m'avez donné eun' brav' femme ,
Qui m' consol' toudis, pa' c' qu'ell' m'aime.
Tout près d' vous , quand j' devrai partir,
Elle ara min dernier soupir. »

Alors' Louis, l'ancien trompette,
Di' à tertous : « Faut qu'on s'apprête
A r'conduire l' vieux pèr' Cass'-Bras,
In cantant jusqu'à l'hôpita !
Allons , allons , veyons ! qu'on sorte,
Pou' s' placher, deux par deux , d' vant l' porte ,
Et marcher comme un bataillon.
In route , j' dirai eun' canchon
Qu' j'ai fait , mi tout seu , in Afrique.
Quoiqu'ell' n'est point gramint comique,
J' réponds qu' tout bon lillos comm' mi ,
A l'l'intinde ara du plaisi. »

Nous s'avons mis tertou' in route.
Su' l' Rivach' ch'éto' eun' déroute :
Les batéliers , les porte-au-sa ,
Avec nou', ont marché au pas ,
In cantant tertou' à tu-tiète,
L' biell' canchon du *Lillos-Trompette.*

L' LILLOS-TROMPETTE

OU

SOUVENIRS DE LILLE.

Air de Gradoudja (chant africain).

(Noté. — N° 27.)

D'puis que j' sus dins l'Afrique,
    Ah! qu' j'ai du chagrin!
J' crains bien de v'nir étique,
    Si cha n' finit point.
J' vodros m' mett' din' un coffe,
Car ichi, l' solei cauffe,
Assez pour cuire eun' gauffe,
Sans houll' ni poufrin.

Tra, la, la, ha, ha, ha, ha!
Tra, la, la, ha, ha, ha, ha!

Toudis j' pinse à l' bonn' ville
    Qui m'a donné l' jour;
Toudis j' pinse à l' jeun' fille
    Pour qui j'ai d' l'amour;
Toudis j' pinse à min père,
A mes sœur', à min frère,

Toudis j' pinse à m' bonn' mère,
Qui n' pins' qu'à min r'tour.
Tra, la, la, ha, ha, ha, ha!
Tra, la, la, ha, ha, ha, ha!

J' verse souvint des larmes
    Pou' ch' pays si biau,
Et quand j' pinse à l' Plach'-d'Armes (*)
    J' tahüt' comme un viau.
Plaingnez, plaingnez m' misère,
Là, j'ai connu p'tit' Claire,
Eun' fillette à l' voiss' claire
Comme un chifflotiau.
Tra, la, la, ha, ha, ha, ha!
Tra, la, la, ha, ha, ha, ha!

L' dimanche, après l' prom'nade,
    Dins les cabarets,
Pour intind' ses roulades,
    On v'not d' lon et d' près.
Pour plaire à cheull' fillette,
Un jour j'ai mis dins m' tiête,
D'acater eun' trompette,
Pou' l' l'accompagner.
Tra, la, la, ha, ha, ha, ha!
Tra, la, la, ha, ha, ha, ha!

(*) On appelait *Place-d'Armes* le terrain où est établi le chemin de fer, entre le rempart et la rue de Tournai.

Quand nous allîme' à l' danse,
    Ch'est là qu'ell' brillot !
Et mi, raid' comme eun' lance,
    Près d'ell' je m' tenos.
Si queq'fo' un faux-craine ,
Osot critiquer m' reine,
J' li donno' eun' tarteinne
Qui-n-in vaulot tros.

Tra, la, la, ha, ha, ha, ha !
Tra, la, la, ha, ha, ha, ha !

J'étos dins min jeune ache,
    Un biau p'tit gadru ;
Claire avo' un visache,
    Comme j' n'in vos pus.
Aussi, su' no' passache,
Chacun nous faijot plache,
In criant : « Biau mariache,
Faut marquer deux jus ! »

Tra, la, la, ha, ha, ha, ha !
Tra, la, la, ha, ha, ha, ha !

Si te m'aimos, p'tit' Claire,
    La mitan comm' mi,
Te t' f'ros vit' cantinière,
-    Pou' v'nir vive ichi.
Mais.... te mettros, sans doute,

Tout l'armée en déroute,
In buvant t' petit' goutte,
On perdrot l'esprit.

Tra, la, la, ha, ha, ha, ha!
Tra, la, la, ha, ha, ha, la !

Ah ! non, non, reste à Lille,
　　Cha m' rindrot jaloux,
Car, dins l'armé', p'tit' fille,
　　N'y-a des loups-garoux.
Qu' min congé, on m' débite,
Et j' dis : Adieu guérite !
J' prindrai, pou' v'nir pus vite,
Mes gambe' à min cou.

Tra, la, la, ha, ha, ha, ha !
Tra, la, la, ha, ha, ha, ha!

In finichant cheull' biell' canchon,
Nous arrivons d'vant l' Grand'-Mason,
Pour mieux dir', l'indrot du supplice...
Là, pernant sin bonnet d' police,
Min pèr' soupire et dit : « Mon Dieu ! —
Pauv' bonnet !... faut nous dire adieu.
Adieu ! car à ch't heure eun' casquette,
Va t' dir' : Va-t-in d' là, que j' m'y mette !
Brav' bonnet qui, d'puis Marengo,
Jusqu'à l' batall' de Waterloo,

As partagé m' joie et m' souffrance,
Et qui, tout d'puis min r'tour in France,
As vu mes ch'veux noirs dev'nir gris,
Nous v'là séparés pour toudis!...
Mes infants, surtout, j' vous r'commande
D'in prind' soin comm' d'eun' pierre-limande.
Fait'-me un plaisi, ch'est d' l'attiquer
Au clo qui suspind min congé.
Les dimanche' et les jours de fiête,
Je l' brouch'rai, je l' mettrai su' m' tiête,
Cha m' f'ra tant d' bien que j' sus certain,
Qu' j'oblierai souvint min chagrin. »

« A vous, ami' et connaissances,
J' vodros bien laicher des souv'nances,
Mais d' chin qui m' reste j'ai tant b'soin...
Faut' de mieux, serrez tertous m' main. »

Là-d'su', i fai' eun' gabriole,
Pus vit' qu'un ojeau qui s'invole,
S'élance au *Bleu-tot* tout d'un cop,
Et serre l' porte su' sin dos.

LA NOCE DE CÉSAR

Air : Eteignons les lumières (Béranger).

(Noté. — N° 28.)

N'y-ara tout juste d'main deux ans,
    Qu' CÉSAR est in ménache.
    Aussi, j' sus fin bénache,
Cha m' rappelle un jour de bon temps.
    Un jour ùch' que j'ai tant ri,
    Que d' tros dogts je n'n ai grossi !
    T'nez, j' m'in vas tout vous dire,
D'puis l' perlimpinpin qu'au tuô,
    J' cros qu' cha vous f'ra bien rire...
    Cha f'rot rire un caillo !

Un jour César dit : « J' vas m' marier. »
    Mais mi, je n' veux point l' croire,
    Pinsant qu' ch'est eune histoire
Qu'il essai' de m' faire avaler.

J' li dis : « T'es poin' un luron
A faire un ju d' cheull' façon ;
J' croiros putôt qu'eun' rappe
Sus l' tiêt' de l' Déess' va pousser ;
J' croiros putôt que l' Pape
N' peut jamais s'abuser.

I répond : « Je n' veux point mintir,
On nous a mis d' promesse,
Te sais bien que m' maîtresse,
Vot, su' l' devant, s' baie raccourchir.
Quoiq' bambocheu, j'ai bon cœur,
J' veux li réparer s'n honneur,
Allons, point tant d' mystère,
J' cros que ch' mariach' f'ra min bonheur...
J' viens t' dir' de l' part de Claire,
Qu' te s'ras l' *garchon d'honneur !* »

I parte : Eun' pair' de jours pus tard,
Dije heur's sonn't'nt à l'horloche,
A m' porte, eun' biell'-caroche
S'arrête, et j' vos deschind' César.
Je n' l'aros jamais r'connu,
Tell'mint qu'il étot cossu !
Dins l' caroche au pus vite,
J' pinse d' m'assir, mais... j' compt' les gins,
Tout compris, grande et p'tite,
Nous étîm's quinze d'dins !!

Fouëtt' cocher, nous partons, bon pas,
    A l' Commune, à l'égliche.
    Là, quand on n'est point riche,
On n' fait point gramint d'imbarras.
    Les deux marieux ditt'nt : *Awi !*...
    Aussitôt tout est fini.
    Mais... de l' mariante, l' mère,
Pus sinsib' qu'eun' dame à capiau,
    Brayot d' vir inl'ver s' Claire...
Comme eun' vaq' pou' sin viau.

A l' porte d' l'égliche, in sortant,
    Eun' fill' di' à l' mariante :
    « Madam' vous èt's charmante,
Mais t'nez vettié' un peu ch'l infant...
    Vous m' direz s'i n'a point l' nez,
    De ch'ti qui vient d' vous marier !...
    Comme j' sus dins l' misère,
Que j' veux point l' mette à l'hôpita,
    Je l' l'apporte à sin père,
    Pinsant qu'i l' norrira !

Aie-iae ! qu' je m' dis, cha va maj'mint,
    Ell' va brouiller l'affaire !
    Mais j'intinds cheull' bonn' Claire
Qui di', in pernant ch' petit gin :
    « *Quand Dieu invoie les ojeaux,*
    I ne r'fuss' point les patiaux !

Allons, min p'tit mioche,
Avec nous te vas v'nir rester,
Te roul'ra in caroche...
Ah ! qu' ch'est bien débuter ! »

Alors pour fair' rouler ch'l infant.
L' cocher buque s' vieill' rosse.
Nous allons faire l' noce
Au cabaret du *Vert-Galant*, (*)
Là, nous avons bien maingé,
Nous avons bu et canté,
Semblant de rien, d'zous l' table,
De l' mariant' j'ai défait l' guertier,
Et, tout faijant l'aimable,
J'ai pinché sin mollet.

Viv'mint, j'ai fait coper ch' cordiau,
Pa' m' biell'-sœur, Mari'-Claire !
Alors, à s' boutonnière,
Chacun n'n a mi' un p'tit morciau.
Nous étîm's fiers comm' des paons,
D' nous vir ajouliés d' rubans.
I folot vir RINGOTTE,
Qui s' tenot raid' comme un bâton,
Avé s' main dins s' capote,
Tout comm' Napoléon.

(*) Rue Saint-Sauveur.

Quand l' musicien est arrivé,
 On li-a fait boir' de l' bière,
 Et puis, comm' cha dot s' faire,
Nous li-avons dit d' juer l' CHAV'TIER (*).
 Dins cheull' dans', comm' chacun sait,
 On dot r'tirer l'aut' guertier.
 N'y-a point d' plaisi sans peines,
Claire avot mis pour m'attraper,
 A sin mollet, d's épeinnes,
 Qui m'ont tout dégriffé.

J' volos point fair' vir que j' bisquos,
 Mais pour mi passer m' rache,
 Au musicien, de m' plache,
J' crios, comm' si ch' l homme in povot :
 « Musicien, te n' sais point juer,
 Car te vett' su' tin calhier !... »
 Lon de s' mette in colère,
V'là qui rit tout haut à min nez !
 Chin qu' j'ai vu d' mieu' a faire,
 Cha été d' l'imiter.

A canter, danser, tour à tour,
 A mainger, boire et rire,
 Est-i besoin d' vous l' dire ?

(*) Dans cette danse dite de *caractère*, l'heureux garçon d'honneur enlève la jarretière de la mariée.

Nous avons trouvé l' temps trop court.
　　Quand l' jour a v'nu nous trouver,
　　L' marian' a m'né s' femm' coucher.
　　　　Mi, qui n'es jamais chiche,
Dins l' mitan d' leu lit j'avos j'té,
　　　　Histoire d' faire eun' niche,
　　　Deux sous d' poil-à-gratter.

MINIQUE L'ARLEQUIN.

Air ; Voilà la manière de vivre cent ans (Désaugiers)

(Noté. — N° 29.)

Allan' à m' boutique,
Un jour au matin,
J' rincont' Dominique,
In habit d'*Arlequin*.
J' m'arrêt' tout surpris,
Et pou mieux le r'connoit' je l' vette ;
Après cha j' li dis :
« Ah ça ! Dominiqu', te viens biête !
    Te m' diras ti-même,
    Drôl' d'original,   } *Bis.*
    Pourquoi qu' dins l' carême
    Te fais l' carneval ! »

I m' répond : « Compère,
Intron' à ch' graissier,
Pour boire un p'tit verre,
Et là, j' te racont'rai,

Pourquoi qu'aujord'hui
J' su' incor dins ch' triste équipache,
Ah ! j' riros bien , mi,
Si j'in veyo' un aute à m' plache.
Dins l' plaisi, dins l' peine, ⎫
Quoique j'ris toudis, ⎬ *Bis.*
Aujord'hui, j' sus coinne ⎪
Comme un piche-au-lit. » ⎭

« J'avo' eun' maîtresse
Qui, juant dins l' grand,
Volo' êt' *Princesse*
Eun' fos tous les ans ;
J' li ai donc loué,
Afin d' li plaire, un biau costume ;
De l' laicher payer
Tout l' mond' sait bien qu' ch'est point l' coutume.
A tâcher qu'ell' m'aime, ⎫
Comme j'éto' in train, ⎬ *Bis.*
J'ai pris pour mi-même ⎪
Ch'l habit d'*Arlequin*. » ⎭

« J' n'avos point d'*espèces*
Pour payer tout cha,
Mais d' craint' que m' maîtresse
M' laich' dins l'imbarras,
J' m'adresse au fripier,
Et j' li dis : « T'nez, monsieu, v'là m' veste,

« Quand j' vous rapport'rai
« Ches deux costum's, vous arez l' reste. »
 Nous parton' à l' danse,
 Prop's comm' des lapins, } *Bis.*
 L' miniss' des finances
 N'étot pus no' cousin ! »

« Mais j' n'ai poin' eu d' chance,
Te va' in juger :
V'là qu'à l' première danse,
Eun' espèc' d'*Ainglais*,
S'approch' de m' LISA,
Et li fait tout plein d' politesses ;
 I li parl' tout bas.
Mi j'acoute, i di' à m' maîtresse :
 « Te m' surprinds, fillette,
 Avec tes biaux yeux, } *Bis.*
 D' vir là cheull gross' biête,
 Qu' t'as pour amoureux ! »

« Te comprinds, compère,
L' cop qu' cha m'a donné,
J' croyos que m' colère
M'aro' étouffé.
J' li ai donc flanqué,
Un biau giroflé à chinq feulles,
Et raid', su' l' planqué
J' l'ai rétindu, plat comme eun' nieulle...

Su' ch' temps-là, m' maîtresse, } Bis.
Pou m' donner l' gros cop,
M' brûle l' politesse
Avec un *Pierrot !!* »

« D' désespoir et d' rache,
J'allos, comme un sot,
M' jéter dins l' rivache,
Et boir' min dernier cop.
J' m'apprête à sortir...
On m'arrêt' ! ch'éto' eun' *Bergère*,
Qui m' dit : « S' fair' morir
Ch'est toudi' eun' méchante affaire,
Te veux, dins t' tristesse, } Bis.
T' passer l' goût du pain !
Fai' eun' aut' maîtresse,
T'in r'ras contint d'main. »

« Chin qu'ell' venot d' dire
M'ouvre infin les yeux,
Nous s' mettons à rire...
Me v'là s'n amoureux !
Un quart-d'heure après,
Nous étîm's des vieill's connaissances ;
Aussi, j'ai juré
D' l'aimer tout l' temps de m'n existence !...
J'ai, d' cheull' biell' bergère, } Bis.
Tout l' nuit, rincé l' biec,
Mais m' bours', min compère,
S'a trouvée à sec. »

T'as compris, du reste,
Pourquoi que j' n'ai point
Été r' quère m' veste
L' surlind'main matin.
Habillé comm' cha,
J' n'os' pus m'in r'tourner à m' boutique;
Comprinds m'n imbarras,
J' peux point m' norir avec des briques !...
Sans miséricorde, ⎫
J' vas drot min aller, ⎬ *Bis.*
M'acater eun' corde, ⎪
Pou m' serrer l' giger ! » ⎭

« J' li dis : « Prinds corache,
J' te prêt'rai d's habits,
Si t' éto' à m' plache,
Te f'ros d' mêm' pour mi. »
Qu'il étot contint,
Que j' volos l' tirer de s' misère !
N'y-a point d' quoi, vraimint,
Dins ch' monde on dot s'aider in frère...
Mais d'puis, dins no' ville, ⎫
Pus d'un gros malin, ⎬ *Bis.*
Appelle ch' bon drille : ⎪
MINIQ'-L'ARLEQUIN. ⎭

MARIE-CLAIRE.

PASQUILLE.

> Il y a dix-huit siècles et demi que le Christ a dit que tous les hommes sont frères : Marie-Claire n'était donc pas notre sœur ?
> H. BRUNEEL.
> (*Épaves littéraires.*)

Eun' fos, volant boire un canon,
J'intre au cabaret du VIOLON (*).
J' vo' assi', autour de deux tables,
Des francs lurons, des femme' aimables,
Qui, vidiant gaîmint leus pochons,
Rocoulott'nt des joyeuss's canchons.
Comm' chacun d'eusse avot dit l' sienne,
On pass' *la balle* au père Étienne,
Qui feumot s' pip' tout tranquill'mint,
In t'nant, su' s'n écour', un p'tit quien.
Aussitôt, ch'l homm' met s' pip' dins s' poche,

(*) Rue Saint-Sauveur.

Et di' in découvrant s' caboche :
« Mes bonn's gins, je n' sais point canter,
Mais, si vous volez m'acouter,
J' vous racont'rai eun' vielle histoire,
Que j' conserve incor dins m' mémoire,
Quoiq' tout l' reste est presque oblié.
Malheureus'mint, cha n' s'ra point gai.
Mais comme, intre amis, n'y-a point d' gêne,
Si m'n histoir' vous faijot de l' peine,
Vous n'arez qu'à l' dir'... je m' tairai. »

I

N'y-avot dins l' temps, dins l' vill' de Lille,
Eun' viell' femm', qui avo' eun' fille
Biell' comm' les ang's du Paradis.
In l' veyant, on étot surpris
Qu'eun' fleur si pure et si parfaite,
Etot v'nue au mond' su' l' PLACHETTE.
Et chin qui paraîchot pus fort,
Ch'est qu' ch'étot din' eun' cave, incor!
Quand on li veyot s' biell' fraich' mine,
On s' fuguro' eun' *capucine*,
Qu'on plante, alfos, din' un racoin,
Uch' que l' solei n' vient presque point,
Et qui pouss', pousse et paraît fière
D'ête à l' ferniêt' d'eune ouverière !
MARI'-CLAIR', car ch'étot l' biau nom

Qu' portot cheull' fill' d'un si grand r'nom,
Eto' eun' fameuss' dintellière.
Par sin gain, ell' norichot s' mère,
Qui, sans cha, arot tindu s' main,
Comm' tant d'aut's, pour mainger du pain...
Bon cœur, biauté, grace et corache,
Marie avot tou' in partache !
Su' l' PLACHETTE et tout alintour
On parlot d'elle au long du jour :
Ichi, les bonn's mèr's de familles,
L' donnott'nt in eximple à leus filles.
Là, pus d'un père, à sin garchon,
Dijot : « Si j'étos d' ti, luron,
J' tâch'ros d' marier p'tit' Mari'-Claire.
Avec ell' t'aros point de misère,
Et ch'est un bonheur vraimint grand !... »
Nous n' pinsîm's poin' aussi avant.
On avot d' l'amitié pour elle,
Pa' c' qu'elle étot bonne autant qu' bielle,
Et qu' ch'éto' eun' vrai' ru'-tout-ju.
Ell' juot n'importe à queu ju :
A l' *bleuss'-main*, à l' *corde*, à l' *raquette*,
A *mucher*, comme au *Métier-Matte*,
Et l' *Catiau d' Madame-Lala*...
Si bien, qu' quand ell' n'étot point là,
Chacun d' nous perdot l' mot pour rire,
On s' vettiot tertous sans rien dire.
Nous étîm's comme un jueu d' violon

Qui veut crincher sans colophon :
Il a biau frotter su' l' gross' corde,
Ch'est comme rien, cha n' veut point morde,
I n'in r'tir' que l' cri fort plaintif,
D'un roquet qui crierot : *Caïf!*
Ch'étot tout d' suite eune aute affaire,
Quand on veyot v'nir Mari'-Claire.
Les balous, comm' les dégourdis,
Etott'nt bien vit' ragaillardis,
Car, tout aussitôt, cheull' bonn' fille,
Qui n' faijot jamais l' difficile,
Roucoulot, comme un rossignol,
Des *ré, mi, fa*, des *ut, mi, sol*,
D' manière à fair' mette in colère,
L' pinchon du pus bon caractère.
Et nous aute', in dansan' au rond,
Nous cantîm's le r'frain de s' canchon.

. . . .

Mon Dieu ! qu' ch'étot donc eun' biell' vie !
Pourquoi faut-i qu' dins l' bergerie,
Un loup euch' fourrer sin musiau,
Pour inl'ver, des moutons, l' pus biau !

II

Un jour, v'là qu' dins no' voisinache,
On intind pousser des cris d' rache,
Des soupir' et des gémiss'mints...

Je d'mand' quoi-ch' qui n'y-a? « Presque rien,
M' répond quequ'un, d'un air tranquille.
Un riche officier aime eun' fille,
Il est v'nu tout bonn'mint, sans bruit,
De s' mason l'inl'ver pindant l' nuit.
Ch'est-i là eun' fameusse houpette?
Faut-i pour l'honneur d'eun' fillette,
Mette eun' ville en révolution?... »
J' li dis : « T'es-t-un fameux capon,
Et te mérit'ros que j' te claque !
Mais non... te n' vaux point l' vint d'eun' claque.»
J' fai' un d'mi-tour sur min talon,
Et j' cours tout jusqu'à d'vant l' mason
Uch' que restot l' biell' Mari'-Claire !...

. . . .

L' porte est serrée !... et s' bonn' viell' mère,
  Ditt'nt tous chés gins,
Elle est peut-êt' resté' là-d'dins?
A grands cops d' pieds, nous fonçons l' porte:
Quoi-ch' qu'on vot?.. Cheull' pauv' gra'-mèr' morte !

III.

Par un dimanch', su' l'Esplénade,
Pou' m' dissiper, j' faijos m' prom'nade.
Eun' biell' caroch' vien' à passer.
Au risque de m' faire écraser,

J' m'approche, et, vettiant pa' l' portière,
Je r'connos, qui ?... l' biell' Mari'-Claire
A côté d'un rich' mirliflor,
Tout r'luijant, tout galonné d'or !...
Ell', brillante d' biauté, d' jeunesse,
Ell' vettiot d'un air de tendresse
Ch' faquin, caus' de sin déshonneur,
Qu'un jour elle appell'ra *sans cœur !...*

. . . .

Et mi, au lieu d' calotter ch' lâche,
Ahuri, j'ai resté sur plache,
Comm' chés bons-n-homm's mis su' les camps,
Pour effrayer l's ojeaux gourmands.

IV.

Après deux ans de ch'l avinture,
J'apprinds qu' cheull' pauver créature,
Abadonné' de s'n amoureux,
A l'honneur a rouvert les yeux.
Elle a vindu l's habits d' mamzelle,
Pour tâcher qu'on ne l' trouv' pus bielle.
Des cauches d' laine, des gros chabots,
Eun' baie d' futaine, un p'tit capot,
Rouge-écourcheu, bleuss'-colinette,
Un moucho d' cou... V'là tout s' toilette.
Elle n'a pus qu'eun' seule ambition,
Ch'est d' bien nipper sin p'tit garchon,

Tableau vivant de s' grand' faiblesse.
Elle a mis sur li tout s' tendresse,
Car, pour sin brillant muscadin,
Ell' n'a qu'un souv'nir de dédain.

V.

Ell' étot donc r'venue honnête,
Mari'-Clair', l'honneur de l' PLACHETTE.
A sin coussin, matin et soir,
Elle ouvrot ferme, dins l'espoir
Qu'un jour Dieu pardonn'rot ses fautes,
Jurant bien qu'ell' n'in f'rot pus d'autes.
Mais v'là qu'un dimanche au matin,
Ell' laiche au lit sin p'tit pouchin,
Pour s'in aller à l' premièr' messe.
Avant d' partir, ell' le caresse,
N' pinsant point, bien sûr, que ch'étot
Pou l' dernièr' fos qu'ell' l'imbrassot...
Su' l' temps qu'elle éto' in prière,
Les bra' in crox, les g'noux par tierre,
L'officier, qui guettot l' moumint,
S' glich' dins s' cave, et va tout douch'mint
Li voler l' seul bien qui li reste....

. . . .

L' crime est commis! vite et du leste,
Important l' mioche indormi,
Bien lon d' no' ville il a parti...

VI.

In sortant de l' mess', Mari'-Claire
Crot d' s'in aller, comme eun' bonn' mère,
Imbrasser sin biau p'tit garchon,
Et li fair' mainger du *bonbon;*
Tout' joyeusse, ell' deschin' à s' cave,
In dijant: « Te n' dors pus, GUSTAVE?...
Viens donc m'imbrasser p'tit cœu-cœur!... »

Elle apprind sin nouviau malheur!!
Sus l' pavé ell' quai' in faiblesse;
Ell' se r'lève, et court, dins s' détresse,
In criant: « Au voleur! au s'cours!! »
A ses cris, v'là qu' tout l' monde accourt
Et veut l' l'arrêter, mais dins s' rache,
Ell' s'arrach' des morciaux d' visache,
Infonc' ses ongles dins ses yeux,
Jette, après les passants, ses ch'veux,
Et veut morde ch'ti qui l' l'approche,
Comme un boul'-dog' qui ronge un oche.
Ell' jure, ell' prie, ell' brai', ell' rit!...
Infin... elle a perdu l'esprit!!

VII.

Pindant pus d' trinte ans, dins no' ville,
On a vu cheull' malheureuss' fille,

S'in aller, d'un air hébêté,
D'mander eun' petit' charité,
Et canter, dins l' mitan des rues,
Des canchons qu' tout l' monde a r'tenues... (*)
Quand on y pins', queu triste sort!
N'avoir pus qu'à d'mander la mort,
Après tant d' tourmint' et d'alarmes,
Et foloir avaler ses larmes
Pour canter, d'un air réjoui,
Des couplets, infants du plaisi,
Heureuss', quand quequ'un d' charitable
Li donnot les restants de s' table,
Et quand on li mettot dins s' main
D' quoi s' procurer eun' liv' de pain...

. . . .

A ch' récit, chacun d' vous soupire!...
Patieince, j' n'ai qu'un mo' à dire.
Appernez qu' dins s' cave, un matin,
On l' l'a vue morte d' frod et d' faim!... (**)

(*) Les romances intitulées : *Suzon sortait de son village*, *Les Petits Oiseaux*, *Bouquet chéri*, *la jeune Isabelle au bord de l'eau* et quelques autres, grâce à Marie-Claire, ont acquis une grande popularité dans notre pays; pour un liard, un morceau de pain, un os, une épingle même, la pauvre idiote les chantait tour à tour. Sa voix était douce et sympathique, aussi bien des gens s'amusaient à l'entendre. Quant à moi, je ne l'écoutai jamais sans éprouver une profonde tristesse.

(**) » Une mendiante, presque idiote, connue sous le nom de Marie-Claire et que l'on se rappellera peut-être avoir vue dans les rues où elle psalmodiait sans cesse une triste chanson pour exciter la commisération publique, vient d'être trouvée *morte de froid* dans une cave qu'elle habitait rue du Curé-Saint-Sauveur. » (*Gazette de Flandre et d'Artois*, N° des 24 et 25 janvier 1848.)

. . . .
— In intindant l' fin de ch'l histoire,
Personn' n'a pus pinsé à boire.
Nous avons quitté l' cabaret,
Les yeux pleins d' larme' et l' cœur serré.

LES LINGOTS D'OR.

Air du Bistocache de Sainte-Catherine,

ou

Ce n'est pas cher un Anglais pour un liard.

(Noté. — N° 16.)

Quand i s'agit d' rir', quand i s'agit d' graingner,
    D' tous les blancs-bonnets, j'sus l' pu' arse,
Aussi, sans m' vanter, à les gins d' min quartier,
    Eun' fos, j'ai jué eun' fameuss' farce :
Ch'étot l' moumint, qu' des *lingots d'or*,
Les p'tits comm' les grands, tout l' mond' rêvot l' trésor...
    Si, par malheur, je n' l'ai poin' eu,
    J' peux dir' que j' n'ai point tout perdu. } *Bis.*

Eun' fos j' m'in vas chez l' perruquer DÉCHIGNONS,
    Tant r'nommé pour sin babillache ;
J' li fais mett' des papillotte' à mes frisons,
    Et j' li dis, d'un air fin bénache :

« Voisin, on vous dit fort discret,
Ainsi, j'peux, sans craint', vous confier un p'tit s'cret :
    Appernez qu' ch'est min liméro,
    Qui vient d' rimporter l' pus gros lot. » } *Bis.*

Et là-d'sus, j' m'in vas, comm' si de rien n'étot,
    A m' mason, me r'mette à l'ouvrache,
Su' ch' temps-là, l' petit perruquer racontot
    M' fauss' nouvelle à sin voisinache;
    A tel point qu' les gins d' Saint-Sauveur,
Eun' pair' d'heure aprè' étott'nt tou' in ameur,
    Tous les dintellièr's de ch' quartier,
    Sont v'nu's m'offrir un biau bouquet. } *Bis.*

Quand j'ai vu intrer tous chés femme' à m' mason,
    J' vous jur' que j'avo' einvi' d' rire;
Mais, pour avoir l'air d'eun' madam' du grand ton,
    Je m' ravisse, et j'essai' d' leu dire :
    « Consœurs, vous m' fait's gramint d'honneur,
Quand j'arai mes doup's, vous verrez min bon cœur ;
    Pour vous souv'nir des biaux lingots,
    J' vous donn'rai des grands pinderlots. » } *Bis.*

L' doyenne m' répond : « Ah ! ch' n'est point l'intérêt
    Qui nous a fait fair' cheull' démarche,
Avec nous, consœur, faut v'nir au cabaret... »
    Aussitôt, nous s' metton' in marche.

Escorté's par deux chints garchons,
Nous marchîme' au pas, in cantant des canchons...
L' Grand Sultan, s'il arrivot d'main,
N' verrot point tant d' mond' su' sin q'min! } *Bis.*

Poussé's, bosculé's, infin, nous arrivons
Au cabaret du Nouviau-Monde ! (*)
Autour d'eun' grand' table, aussitôt nous s' plachons,
Et là, j' vos que l' mingealle abonde :
Des-z-haricots, un plat d'hoch'-pot,
Des cras épinards, des cot'lett', un gigot !
D' quoi rassasier trint'-six tambours,
Qui n'arott'nt point mié d'puis huit jours ! } *Bis.*

Quand on a d' l'àrgin', on a des qualités.
(Je l' sai' à ch't heur' par espérieince).
On avot pus d' soin à fair' mes volontés,
Qu' si j'avo' été l' fill' d'un prince.
J' leu dis : « Eun' canchon, s'i vous plaît ! »
Aussitôt, pou' m' plaire on intonne un couplet ;
Je d'mand' qu'on danse un rigodon,
On fait v'nir un jueu d' violon. } *Bis.*

Au bal, d'ordinair', quand j'allos pour danser,
J' faijos bien souvint *tapiss'rie ;*

(*) Près la porte de Paris.

Là, tout au contrair', chacun v'not m'inviter,
 Et m'amuser par eun' drôl'rie ;
 Malgré mes yeux tout cachiveux ;
Min cou allongé, et min nez gros comm' deux,
 J'ai r'chu, par des fort biaux garchons, } *Bis.*
 Sans mintir, vingt déclarations !

Infin, lassés d' tout, nous allons nous coucher...
 Hélas ! mi, vous l' croirez sans peine,
J'ai passé tout l' nuit, sans dormir, à busier
 Q'mint-ch' que, du ju, j' tir'ros m'n épeinne...
 L' lind'main, l' journal dit : « Qu' *par erreur*
Il a fait gagner tel chiffre... » Queu bonheur ! !...
 Alors j'ai dit : « Min liméro } *Bis.*
 Gangn'rot... s'i n'avot point d' zéro. »

UN PROVERBE EN ACTION.

Air : La plus Belle Promenade. (Désaugiers).

(Noté. — N° 30.)

J'avos juré d' rester fille,
Pour conserver m' liberté,
Mais, sans l' finesse d' Mimile,
Sans s'n esprit, j'avos compté.
J' vas t' moutrer, Marie-Hélène,
De m' fierté, l' dernier morciau :
I n' faut jamais dir' : Fontaine,
Je n' veux point goûter de t'n iau.

Batisse l' marchand d' puns-d'-tierre,
Est v'nu m' déclarer sin cœur.
Ch'est un jeune homme à s'n affaire,
I volot fair' min bonheur...
A ch' dégourdi sans malice,
J'ai dit : « Gardez tout vo' bien...
J'ai du blé-millet, Batisse,
Ch'est point pou vo' canarien !..

J'étos tell'mint difficile,
Qu' j'ai r'fusé un perruquer ! !
Et te l' sais comm' mi, *ma fille*,
Il y fait *cras*, dins ch' métier.
J'aros r'fusé, Dieu m' pardonne,
Même un tambour des pompiers...
Infin, pour mieux dir', personne
N'étot chaussure à mes pieds.

Vette un peu, Marie-Hélène,
Vett' comm' ch'est drôle l' destin :
Eun' fos, j' rincont' su' l' Mad'leine (*)
Mimile, un p'tit muscadin.
I n'est point pus haut qu'eun' quille,
Dins m'n écourcheu j' peux l' mucher,
Avecque l' piau d'eune anwille,
I porot s' faire un giliet !...

Avec un homm' de ch'l espèce,
Je m' dis : N'y-a point grand danger.
J'accepte donc s' politesse,
Et nous allons pourmener...
I m'a prouvé, ch' gai compère,
Qu' ch'est peu d' coss' que l' jolité,
Qu'avant tout, quand on veut plaire,
I faut d' l'aimabilité !

(*) La Madeleine, l'une des paroisses de Lille.

Ch'est un molin à paroles,
I babill' sans décesser,
I m'a dit des fariboles,
A fair' rir' même un geôlier...
Infin, par sin babillache,
Si joyeux, si plein d'esprit,
Quand i m'a parlé d' mariache,
Je n' l'ai pus trouvé trop p'tit ..

Nous s'avons donc mis d'*promesse*,
Quoiq' sans quarant' sous vaillant.
Mais l' contint'mint pass' richesse,
Nous somm' gais comm' des ci-d'vant.
J' te répèt' Marie-Hélène,
Ch' vieux dicton, toudis nouviau :
« *I n' faut jamais dir' : Fontaine,*
Je n' veux point goûter de t'n iau ! »

TABLE DES MATIÈRES.

	Pages
Almanach de poche (L')	149
Amours de Jeannette et de Girotte (Les)	24
Bière (La)	132
Bistocache de Sainte-Catherine (Le)	117
Bolis (Souvenirs de)	156
Bonheur du ménage (Le)	159
Bonnes gins d' Saint-Sauveur (Les)	101
Braderie (La)	56
Broquelet d'Autrefois (Le)	72
Brûle-Mason	1
Cabaret du Pélerin (Le)	113
Casse-Bras	167
Consolatrice des cœurs désolés (La)	97
Crieur de la ville (Le)	77
Deux Commères (Les)	20
Faux Conscrit (Le)	61
Femme discrète (Une)	68
Foire de Lille (La)	109
Garchon-Girotte (L')	124
Garchon-Girotte au concours de Troyes (L')	162
Histoire d'un biau garchon (L')	145
Histoire de Lydéric et Phinaert (L')	37

	Pages
Homme marié (L').	189
Ivrogne et sa Femme (L')	44
Jacquo le Balou	105
— Lettre et le Portrait du Tambour-Maître (La)	12
Lillos-Trompette (L')	173
Lingots d'or (Les)	199
Lundi de Pâques (Le)	152
Marchand de pommes de terre (Le)	28
Marie-Claire, pasquille	189
Marionnettes (Les)	127
Minique l'Arlequin	184
Musique	209
Noce de César (La)	178
Notice sur l'orthographe du patois de Lille (Petite)	III
Patrice ou Récit naïf d'une jeune dentellière	89
Proverbe en action (Un)	203
Retour de Nicaise (Le)	80
Revidiache (Le)	47
Ro bot ou le Banquet des Rois	7
Singulière Séparation (Une)	93
Spectacle gratis (Le)	16
Vieux Ménétrier (Le)	121
Vocabulaire	XIII
Voyage à Dunkerque	135
Voyage à Paris	31

Lille, L. Danel.

Musique.

BRULE MAISON.

RO BOT !
ou
le Banquet des Rois.

LA LETTRE ET LE PORTRAIT.

Bon — jour Chris — tin! bon-jour Cons — tan — ce! J'viens vous ré — ga — ler d'du ca — fé. Comm' ch'est eun' biell' dans' quand tout dan — se, J'ai du plai — si, j'veux l'par — ta — ger. Croi — rez vous qu'chest cheull' pe — tit let — te Qui m'a rin — du l'cœur si con — tint? Cha n'vous sur — prin — dra pus, peut — ê — te, Si j'dis que m'na — mou — reu' est d'dins! Si j'dis que m'na — mou — reu' est d'dins!

IV

LES AMOURS DE JEANNETTE ET DE GIROTTE.

LE VOYAGE A PARIS.

VI
LYOÉRIC ET PHINAERT.

VII

L'IVROGNE ET SA FEMME.

VIII

LE FAUX CONSCRIT.

N° 8. *Andantino.*

Ch'est vrai, chin qu'on vient de m'di—re?.... On t'a pris pour êt' Sol-dat. A—wi, m'fill', ch'est point pour ri—re, I fau—dra que j'te laich' là! Ah! vrai-mint m'pein' n'est point P'ti—te, Perde un a—mou—reux si biau! J'aim' mieux l'tom—beau. A—dieu, p'tit Do—do—phe j'te quit—te Pour al—ler m'jé-ter dins l'iau

UNE FEMME DISCRÈTE

N° 9.

Connaichez vous p'tit' mad'lon, L'fill' d'un ancien de l'vieill' gard'? Les pus grand's ba-vard' in r'nom, Près d'ell' n'sont qu'de l'mou-tar-de. Hier, sur nos voisins, ell' m'a v'nu d'viser, D'puis les pieds qu'à l'tiête, ell' les a r'nip-pés. Si j'volos comme ell' faire l'babillar-de, Des histoir's fort drol's J'in di-ros pus d'chint. Mais je n'di-rai rien! Non, je n'di-rai rien! Car cha n'est point bien d'dir' du ma des gins.

X

LE BROQUELET D'AUTREFOIS.

LE CRIEUR DE LA VILLE.

XII

PATRICE

XIII

JACQUO L'BALOU.

XIV.
LA FOIRE DE LILLE.

N°14. Allegretto

Par un biau jour, à l'foir' de Lille, J'avos l'ein—vi' d'rire un bon cop. J'prinds mes biell's nippe' et puis j'm'habille, Comme un Ain—glais j'è—tos faraut. J'm'in vas trouver m'maitress' Victoire, J'li dis: Bonjour, fillett', me v'là! Tiens! prinds min bras, Et viens de ch'pas. Hier, t'as d'mandé qu'ja—cate t'foire, Prinds ch'pain épice et te l'aras!

XV

LE CABARET DU PÈLERIN

N° 15.

J'viens vous of—frir, homme' et fem—mes, Pour in—fon—cer l'cha—grin, Un r'mèd'bien sain. Ch'est d'al—ler boire, à Wa—zem—mes, Eun' pinte au Pè—lé—rin. *Fin.* Dins ch'biau ca—ba—ret, l'Tris—tes—se. Un jour vo—lot, dit—on, boire un ca—non Mais l'ca—bar—tier, plein d'a—dres—se, l'l'a fait mette au Vio—lon!

XVI
L'BISTOCACHE DE Ste CATHERINE.

XVII
LE VIEUX MÉNÉTRIER.

XVIII
L'GARCHON GIROTTE.

XIX
LES MARIONNETTES.

XX
LA BIÈRE.

XXI
LE VOYAGE A DUNKERQUE.

XXII
L'HISTOIRE D'UN BIAU CARCHON.

N° 22. Allegretto

Ch'est par un biau jour de prin-temps, Qu'je m'dis: Gar—chon, pour pas—ser l'temps, Fais bien vit' des can—chons nou-viel—les, Les tienn's vienn'tent viel—les, Tach' d'in fair' des biel—les. Tout aus—si—tôt, j'prinds min cray—on, J'é—cris: L'his-toir' d'un biau gar—chon.

XXIII
LE LUNDI DE PAQUES.

XXIV

BOLIS.

XXV

LE BONHEUR DU MÉNAGE.

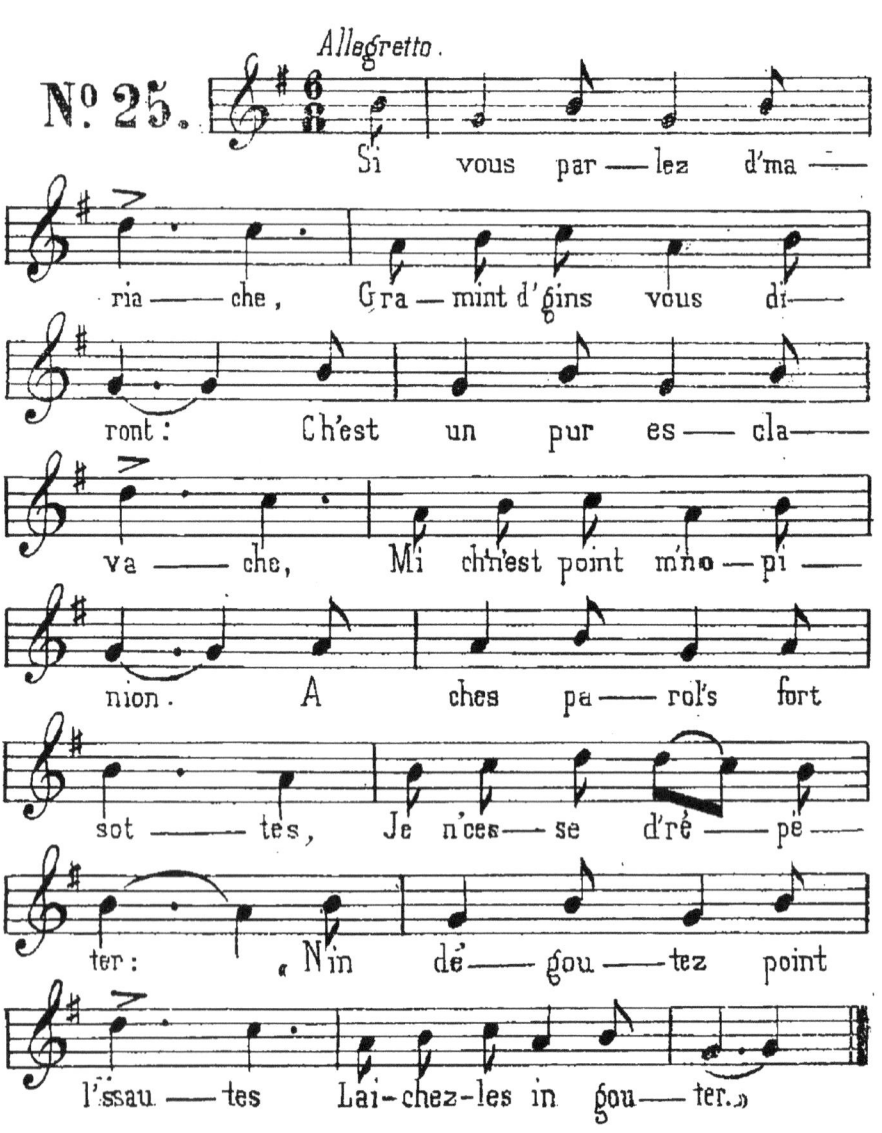

XXVI

L'CARCHON-CIROTTE.

au

CONCOURS DE TROYES.

XXVII

L'LILLOS TROMPETTE.

LA NOCE DE CÉSAR.

N° 28. Allegretto

N'y-a—ra tout jus-te d'main deux ans qu'Cé-sar est in mé—na—che, Aus—si j'sus fin bé—na—che, Cha m'rappelle un jour de bon temps. Un jour uch' que j'ai tant ri, que d'tros doïgts je n'n'ai gros-si. T'nes j'm'in vas tout vous di——re D'puis l'per—lin—pin—pin qu'au tu—u. J'cros qu'cha vous f'ra bien ri——re. Cha f'rot rire un oail——lo!

XXIX

MINIQUE L'ARLEQUIN.

Al—lan' à m'bou—ti—que, Un jour au ma—tin, J'rin—cont' Do—mi—nique in ha—bit d'Ar—le—quin, J'm'ar—rêt' tout sur—pris, Et pour mieux le r'con—noit', je l'vet—te, A—près cha j'li dis: Ah! ça, Do—mi—niqu', te viens biê—te! Te m'di—ras, ti—mê—me, Drol' d'o—ri—gi—nal, Pourquoi qu'dins l'ca—rê—me, te fais l'Car—na—val.

XXX

UN PROVERBE EN ACTION.

N° 30. Allegretto.

J'a—vos ju—ré d'res—ter fil—le Pour con—ser—ver m'li—ber—té. Mais sans l'fi—nes—se d'Mi—mi—le, Sans s'n esprit, j'a—vos comp—té. J'vas t'mou—trer, Ma—rie—hé—lè—ne, De m'fier—té l'dernier mor—ciau. I n'faut ja—mais dir' fon—tai—ne, Je n'veux point goû—ter de t'n iau.

EN VENTE

A LILLE, CHEZ LES PRINCIPAUX LIBRAIRES ET CHEZ L'AUTEUR,
RUE BEAUHARNAIS :

CHANSONS ET PASQUILLES LILLOISES

Par DESROUSSEAUX.

1er Volume, précédé du portrait de l'auteur et d'une Petite Notice sur l'orthographe du patois de Lille. Nouvelle édition, avec musique. . . . . 2 f. 50

2e Volume, avec les airs nouveaux de l'auteur. Nouvelle édition. 2 50

3e Volume, avec 20 vignettes et la notation des airs nouveaux et anciens. Nouvelle édition. 2 50

4e Volume, avec les airs anciens et nouveaux et suivi d'un Vocabulaire. 2 50

(Chacun de ces volumes est divisé en livraisons qui se vendent séparément 15 centimes).

EN VENTE CHEZ LES MARCHANDS DE MUSIQUE :

LES CHANSONS LILLOISES. — LE VIEUX CABARET.

Quadrilles pour orchestre et pour le piano, sur des airs de DESROUSSEAUX,

Par N. BOUSQUET, Chef d'orchestre à Paris.

Ces morceaux se trouvent aussi à Londres, chez WIMEUX, Upper Stamfort Street, 80.

LE CHANSONNIER LILLOIS. — LE PETIT SERGENT.

Quadrilles pour le piano, sur des motifs de DESROUSSEAUX,

Par SINSOILLIEZ.

DIX MORCEAUX FACILES POUR FANFARE

A l'usage des Lycées et des Sociétés des communes, dont trois pas-redoublés sur six airs de DESROUSSEAUX,

Par SINSOILLIEZ.

www.ingramcontent.com/pod-product-compliance
Lightning Source LLC
Chambersburg PA
CBHW050347170426
43200CB00009BA/1766